당신도 위대한 **네트워커**가 될 수 있다

개정판

정상의 네트워크전문가가 소개하는 성공의 노하우

당신도 위대한 네트워커가 될 수 있다

우종철 지음

우종철 원장의
[네트워크마케팅 시스템 교육]
안내 수록

머리말

네트워크마케팅에서 성공하는 비결을 알고 있는가?

나는 네트워크마케팅에서 성공하는 리더들을 볼 때마다 커다란 감동을 받는다.

전직이 대기업 CEO이든 의사나 변호사, 회계사 같은 전문가이든 아니면 평범한 주부 혹은 무직의 가장이든 그들은 네트워크마케팅의 첫걸음부터 새롭게 시작한 사람들이다. 그렇게 1인 기업가로서 유일한 도구인 말품과 발품을 팔아가며 수천, 수만의 비즈니스 파트너를 만들면서 성공주식회사 혹은 행복주식회사의 CEO가 될 수 있다.

시작도 끝도 제 마음대로 선택할 수 있는 네트워크마케팅에서 그들은 정상에 섰고 많은 사람의 존경을 받는다는 것은 다른 어떤 직업이나 사업에서 성공한 것보다 가치 있고 특별한 의미를 지닌다. 철저하게 개인의 자유로운 선택으로부터 출발해 궁극적으로는 경제적, 시간적, 인격적 자유를 찾는 과정으로 이어지기 때문이다.

그런데 이런 멋진 비즈니스가 아직도 일부 잘못된 회사나 사람들로 인해 좋지 않은 인식이 만들어지고, 결과적으로 건전하게 일하는 네트워커에게도 피해를 끼치고 있다. 물론 법이 강화되고 관련기관에서 적극적인 노력을 기울이고 있지만, 현실적으로 문제의 뿌리를 뽑기가 쉽지 않다.

그런 의미에서 비즈니스 현장을 누비는 리더의 책임이 막중하다고 할 수 있다. 리더가 올바른 방법으로 좋은 작품(?)을 만들어 역할모델이 되고, 그 역할모델이 하나의 올바른 시스템이 정착되어야만 성공할 수 있다는 인식을 심어줘야 하는 것이다.

성공하고 싶다면 리더가 돼라!

네트워크마케팅은 그 특성상 사람과 사람사이의 관계의 성격을 띠기 때문에 이 사업에서 인간관계는 절대적이다. 따라서 다른 어떤 분야보다 자기계발과 대인관계, 리더십을 위한 노력을 아끼지 않아야 한다.

특히 경험과 지식, 정서가 서로 다른 사람들을 성장시키는 것이 성공의 지름길이다. 그러한 역할을 해내려면 당신 자신이 '리더'가 되어야 한다.

'리더' 하면 대부분의 사람이 자신과 상관없는 사람, 즉 카리스마가 넘치고 강의를 잘하며 리더십이 강한 사람일 것이라는 생각을 한다. 한마디로 자신은 리더와 거리가 멀다고 생각하는 것이다. 그리고 리더가 되는 것은 어려운 일이라고 생각해 지레

겁을 먹는다.

리더는 태어나는 것이 아니라 만들어진다!

영화 〈디워〉를 제작해 세상을 깜짝 놀라게 한 심형래 감독이 과거 신지식인으로 선정되었을 때 했던 말을 기억하는가?
"못해서 못하는 것이 아니라 안 해서 못하는 것입니다."

리더로 태어난 사람은 없다. 대부분의 성공자는 스스로 노력해서 성공자가 된 것이다. 나는 그것이 진실임을 믿는다.
이 책에서 본인은 리더가 될 수 있는 방법을 구체적으로 알려주고자 노력했다. 무엇보다 한국에 네트워크마케팅이 소개되기 시작한 1980년대 후반부터 지금까지 내가 네트워커들을 교육하고 훈련시키며 쌓아온 내용이 고스란히 녹아 있다.
그런 의미에서 이 책은 네트워크마케팅 리더를 위한 매뉴얼의 성격을 띠고 있다. 동시에 이제 갓 시작한 초보 네트워커나 최고 리더를 꿈꾸는 네트워커들, 네트워크마케팅 비즈니스를 올바르게 하고자 하는 모든 사람에게 도움이 될 것이다.
이 책이 소중한 꿈을 현실로 만들기 위해 노력하는 한국의 모든 네트워커들에게 작은 등불이 되기를 바란다.

우종철

[차례]

머리말

제1장 아름다운 프로가 되자 ·9

현실적인 비전을 제시하라 ·10
감사하라! 감사하라! 감사하라! ·15
인간관계에서 성공하라 ·21
환경을 탓하지 말라 ·26
타인을 성공시켜라 ·31
정성 쏟는 마케팅이다 ·36
아름다운 프로가 되어라 ·42
사업설명 전문가를 만들어라 ·48

제2장 향기 있는 리더가 되자 ·55

파트너들에게 무엇을 남겨줄 것인가? ·56
'공통분모'를 만들어라 ·61
성공자의 과거는 아픔이 있기 마련이다 ·66
시스템의 원본이 되어라 ·71
명예를 걸어라 ·77
향기 있는 리더가 되어라 ·82
동기부여가(Motivator)형 리더가 되어라 ·87
작품을 만들어라 ·93

제3장 용기 있는 리더가 되자 ·99

색깔 있는 리더가 되어라 ·100
원칙을 지켜라 ·105

명강사에 도전하는 한 해 ·110
집중력을 계발하라 ·115
스폰서는 위대한 리더 ·120
시스템에도 혁신이 필요하다 ·125
이미지로 나를 밝혀라 ·130
유능한 코치가 되어라 ·136
숨어있는 잠재의식을 밖으로 끌어내라 ·141

제4장 카멜레온 리더가 되자 ·149

강의도 기획력이다 ·150
자서전을 쓰듯 비즈니스를 하라 ·158
카멜레온 리더가 되어라 ·164
성공 흐름을 타라 ·170
명사들을 스폰서로 만들어라 ·176
세련된 자랑의 진수를 보여라 ·181

제5장 위대한 네트워커를 만들자 ·187

물 흐르듯이 ·188
위대한 네트워커 만들기 ·193
훌륭한 선수를 양성하라 ·199
VIP를 초대하라 ·204
자신만의 시나리오를 만들어라 ·210
리더십을 저축하라 ·216
오케스트라의 지휘자가 되어라 ·221
변화할 때까지 반복하라 ·226

우종철 원장의 [네트워크마케팅 시스템 교육] 안내 ·231

1장

아름다운 프로가 되자

현실적인 비전을 제시하라

한 처녀가 우유통을 머리에 이고 시장에 팔러가면서 온갖 상상을 하고 있었다.

'이 우유를 팔아 달걀을 수십 개 사야지. 그 달걀을 어미 닭에게 품게 하면 수십 마리의 병아리를 얻겠지? 그 병아리를 키워 장에 내다 팔면 멋진 옷감을 살 수 있을 거야. 그 옷감으로 아름다운 드레스를 만들어 입고 파티에 가면, 동네 총각들이 서로 춤을 추자고 야단일 테지. 하지만 쉽게 부탁을 들어줄 수는 없지. 아무렴. 난 아주 고상한 여자니까.'

처녀는 이런 생각을 하면서 자신도 모르게 고개를 흔들기도 하고 끄덕이기도 하다가 그만 우유통의 우유를 모두 쏟고 말았다. 그렇게 해서 수십 마리의 병아리도, 아름다운 드레스도 헛된 꿈으로 사라져버렸다.

성공은 하루아침에 이루어지지 않는다

"미래는 꿈꾸는 자의 것이다"라는 말처럼 꿈을 꾸는 것은 좋은 일이다. 네트워크마케팅은 '꿈을 판매하는 사업'이다. 실제로 평범한 샐러리맨, 전업 주부, 수십 년간 장사를 해온 상인, 퇴직한 사람, 전문직 종사자, 사업가 등 다양한 분야의 사람들이 어느 날 네트워크마케팅의 사업설명회에 참석했다가 미래에 대한 새로운 비전을 느끼고 네트워크마케팅 비즈니스에 뛰어들고 있다. 그들은 또 다른 인생으로의 전환을 꿈꾸며 이 사업에 참여하는 것이다.

제2의 인생을 살 수 있다는 것은 얼마나 멋진 일인가!

초보 네트워커는 꿈을 향해 밤낮을 가리지 않고 전국을 뛰어다닌다. 또한 선배 사업자의 이야기를 절대적으로 믿는다. 선배 사업자를 '꿈을 이루는 사업'에서 확실한 지름길을 알고 있는 전문가라고 인식하기 때문이다. 그런 의미에서 초보 네트워커의 모델이자 스폰서인 당신은 리더로서 모범을 보이는 것은 물론 사명감도 가져야 한다.

네트워크마케팅은 분명 엄청난 돈을 벌 수 있는 기회이고, 짧은 기간에 신분 상승을 이룰 수 있는 사업이긴 하지만 반드시 거쳐야 할 과정이 있다.

네트워크마케팅을 1년 이상 겪어본 네트워커는 무조건 열심히 한다고 되는 것이 아님을 알게 된다. 성공적인 회사 혹은 그룹을 자세히 살펴보면, 그 과정에 대한 부분을 상당히 잘 해결하고 있음을 알 수 있다. 반면 몇 년간 큰 발전 없이 지지부진한 회사나 몇 달 만에 급성장한 회사를 살펴보면 그 과정에 취약한 것을 볼 수 있다. 만약 그 부분을 빨리 해결하지 않는다면 아마 지속적으로 발전하기는 어려울 것이다.

리더는 보통 빠른 성장을 위해 꿈을 강조한다. 특히 예비 사업자를 쉽게 참여시키기 위해 편리하고 쉬운 아이템, 보상플랜 그리고 성공했을 때의 이득에 대한 부분을 강조하기도 한다. 물론 네트워크마케팅이 현재처럼 발전할 수 있었던 데는 '적극적인', 아니 좀더 직설적으로 말해 우리나라 사람들의 '극성스러움'이 한몫했다는 것을 부정할 수 없다.

그러나 네트워크마케팅은 하루아침에 이루어지지 않았고, 앞으로도 점점 더 많은 고급 인력이 참여할 것이다. 이는 곧 네트워크마케팅의 사회적, 경제적 영향력이 높아진다는 의미로 리더가 그에 맞는 준비를 하는 것은 당연한 일이다.

이제는 예전처럼 '네트워크마케팅이 성공의 만병통치약'이라는 논리로 다가서지 말라. 그보다는 네트워크마케팅이 꿈을 이루기 위한 좋은 시스템이라는 것을 이해시키는 동시에 리더가 되는 구체적인 방법을 연구하고 익혀 초보 네트워커에게 제공해야 한다. 나아가 그들이 네트워커로서 성장할 수 있는 자기계발법 등을 제시해야 한다.

체계적인 교육 시스템과 목표설정이 성공을 좌우한다

어느 겨울날, 눈 쌓인 숲 속을 걷던 세 명의 소년이 넓은 벌판 앞에서 누가 가장 일직선으로 그 끝에 닿을 수 있을지를 겨루게 되었다.

첫 번째 소년은 똑바로 앞만 보고 빠르게 걸어가면서 자신이 직선으로 가고 있다고 생각했다. 그러나 건너편에 도착해서 뒤를 돌아보니 자신의 발자국은 활처럼 휘어져 있었다.

두 번째 소년은 첫 번째 소년의 잘못을 되풀이하지 않기 위해 천천히 걸었다. 그는 몇 미터 간 다음 뒤를 돌아보고 다시 몇 미터 걸어가는 방법을 썼다. 이렇게 해서 건너편에 도착한 소년은 자신이 첫 번째 소년보다 더 삐뚤삐뚤 걸었다는 사실을 알고 깜짝 놀랐다.

세 번째 소년은 앞의 두 소년을 가만히 지켜보고 나서 새로운 방법을 생각해냈다. 건너편의 맨 앞에 서 있는 나무와 그 뒤로 멀리 떨어져 있는 두 나무를 기준으로 삼고, 그 두 나무가 계속 일직선으로 보이도록 방향을 잡으면서 걸어갔던 것이다.

건너편에 도착한 세 번째 소년은 자기 발자국이 일직선을 그리고 있는 것을 보았다.

리더는 보통 제2의 인생을 맞이한 수많은 네트워커에게 꿈을 꾸게 한다. 중요한 것은 꿈만 갖고 활동하게 해서는 안 된다는 것이다. 그들이 원하는 꿈을 이룰 수 있도록 단기목표, 중기목표, 장기목표를 설정하게 해야 한다.

우선 몇 명의 예상고객을 만나는 것이 효과적이고 어떤 교육에 참가해야 좋은지, 어떤 방법으로 네트워킹을 해야만 다음달·3개월·6개월 후에 몇 명의 조직·얼마의 수당이 보장되는지 등과 관련해 하루의 일정을 함께 설정해보라. 현재 모범적으로 네트워킹을 펼치는 회사나 그룹은 대기업이나 전문기관에서도 놀랄 정도로 구체적이고 과학적인 교육 시스템을 갖추고 있다.

당신이 최고의 리더가 되고 싶다면 파트너들이 즐겁고 재미있게 행복한 네트워킹을 펼치도록 체계적인 교육 시스템을 적용해야 한다. 그러기 위해 스스로 관련 서적, 잡지, 신문 등을 많이 보고 각종 세미나에 열심히 참가하는 모범을 보여라.

그러한 과정을 통해 당신은 리더로 성장하고 내면에 잠자고 있던 잠재력이 깨어나고 있음을 깨닫게 된다. 이것이 바로 네트워크마케팅의 진정한 리더십 계발이다.

당신은 21세기의 멋진 네트워커다. 수많은 사람의 미래가 당신에게 달려 있다. 이제 단순한 꿈이 아닌 현실적인 비전으로 그들에게 다가가라. 그들과 당신 자신을 멋진 리더로 이끌어라!

감사하라! 감사하라! 감사하라!

어느 숲 속에 두 그루의 나무가 서 있었다. 한 그루는 키가 크고 나뭇잎도 무성했고, 다른 한 그루는 키가 작고 나뭇잎도 많지 않았다. 둘은 오랜 세월을 함께 지냈지만 키 작은 나무는 늘 마음속으로 '저 녀석 때문에 내가 햇빛을 받지 못해 제대로 자라지 못하는 거야. 저 녀석만 없다면 내가 훌륭하게 자랄 수 있을 텐데' 하는 불만을 품고 있었다.

어느 날, 큰 도끼를 든 나무꾼이 그곳을 지나가게 되었다. 그러자 그동안 불만을 품고 있던 키 작은 나무는 이때다 싶어 나무꾼에게 키 큰 나무를 도끼로 찍어 달라고 부탁했다.

키 큰 나무가 쓰러지자 키 작은 나무는 기뻐하면서 '이제는 내 세상이다. 지금부터 나도 멋지게 자랄 수 있을 거야'라고 생각했다. 그런데 바람막이가 되어주던 키 큰 나무가 없어지자 뜨거운 햇빛과 세찬 바람을 견디지 못한 키 작은 나무는 결국 쓰러지고 말았다.

스폰서의 존재 가치를 느끼는 네트워커가 진정한 리더

모든 네트워커가 성공을 간절히 바라며 열심히 활동한다. 그렇다면 과연 열심히 한다고 네트워크마케팅에서 성공할 수 있을까? 네트워크마케팅뿐 아니라 어떤 일에서든 열심히 한다고 해서 성공할 수 있다면, 세상에 성공하지 못할 사람은 한 명도 없을 것이다.

네트워크마케팅에서는 특히 '시간을 효과적으로 관리하는 것'을 익히는 것이 좋다. 한 개인의 능력을 100퍼센트 발휘하는 것보다 100명의 능력을 각각 1퍼센트씩 활용하는 것이 낫기 때문이다. 그러기 위해 업 라인이나 스폰서를 효과적으로 활용하라.

당신이 속해 있는 회사, 그룹에서 당신이 겪어야 할 모든 시행착오를 거쳐 어느 정도 성공의 노하우를 알고 그 방법을 친절히 전해주는 존재가 바로 스폰서 혹은 업 라인이다. 겉보기에는 그다지 특별한 점이 없을지도 모르지만, 그들은 마치 무형문화재처럼 신비로운 노하우를 갖고 있다.

네트워크마케팅 비즈니스에 좀더 익숙해지면 스폰서나 업 라인에 대한 가치를 잘 느끼지 못하게 된다. 처음에는 자신과 상반된 모습에 부러움이 가득해서 바라보지만, 시간이 흐르면서 신비감이 벗겨지고 존경심이 무뎌지는 것이다.

여기까지는 그래도 큰 문제가 없지만 그것이 스폰서나 업 라인을 무시하는 지경으로 나아가면 문제가 심각해진다. 특히 사회에서 인정받는 위치에 있었거나 마케팅과 관련된 일에서 전문성을 인정받던 사람은 네트워크마케팅을 시작한 지 3개월에서 6개월 정도가 지나면 사업에 대해 대충 감을 잡게 된다. 이에 따라 사업설명회의 강의 스타일, 동기부여식 강의, 직급별 미팅 등을 다른 사람보다 빠르게 복제한다. 나아가 어느 시점부터는 오히려 선배들보다 더 합리적이고 세련된 강의로 많은 네트워커의 인기를 얻기도 한다.

　물론 이러한 발전에 감사하고 사명감에 가득 차 열심히 활동한다면 더할 나위 없이 좋은 일이다. 그러나 인간의 욕심은 끝이 없다고 했던가?

　네트워크마케팅은 '정보전달' 사업이기 때문에 가장 중요한 역할을 하는 사람은 바로 '정보를 전달하는 사람'이다. 특히 평범한 직장인, 주부 등이 대다수를 차지하는 네트워크마케팅 현장에서 그들이 가장 많이 의지하는 대상은 '강사'일 수 밖에 없다. 이러한 상황에서 하루아침에 멋진 강사로 인정받기 시작하면 어깨에 힘이 들어가기 시작한다.

　무명 연예인이 매니저를 만나 스타가 되기까지는 아무 탈이 없다가도 유명세를 타기 시작하면 둘 사이에 갈등이 나타나기 시작하는데, 이것은 주로 자신의 역할을 내세우려다 벌어지는 일이다. 이러한 현상은 네트워크마케팅 비즈니스에서도 쉽게 볼 수 있다.

패러다임의 변화를 추구하라

　한 어머니가 LA에 사는 딸네 집에 놀러갔다가 아침에 깜짝 놀랄 일을 보게 되었다.

　딸은 자고 있는데 사위가 일찍 일어나 손수 아침을 챙겨먹고 도시락까지 싸들고 출근을 했던 것이다. 그녀는 딸을 아껴주는 사위가 대견스럽게 보였다.

그 어머니는 다음날 샌프란시스코에 사는 아들네 집에 갔다가 다시 한번 놀라게 되었다.

아침이 되자 며느리는 꼴도 안 보이고 금이야 옥이야 키운 아들이 궁상스럽게 제 손으로 아침을 지어먹고 도시락까지 싸는 게 아닌가! 그녀는 며느리를 괘씸하게 생각했다.

이처럼 사람은 제각각 자신의 입장에서 생각하게 마련이다. 네트워크마케팅 비즈니스를 자세히 들여다보면 재미있는 현상을 볼 수 있다. 그것은 종이 한 장 차이로 성공자와 실패자가 가려진다는 점이다.

그 차이는 과연 무엇일까? 바로 생각의 차이다. 네트워크마케팅에서 가장 많이 일어나는 갈등은 스폰서나 업 라인과의 문제이다. 평생토록 할 수 있는 네트워크마케팅의 특성상 이것은 다른 어떤 문제보다 먼저 풀어내야 한다. 가장 좋은 방법은 '패러다임에 변화'를 주는 것이다.

인간은 사회적 동물인 까닭에 항상 상대적인 생각으로 모든 것을 해결한다. 네트워크마케팅 비즈니스에서는 누군가의 사업 설명이나 성공 스토리를 접하고 난 후 '나도 할 수 있다!'는 자신감으로 도전하는 것을 볼 수 있는데, 여기에도 '저 사람이 할 수 있다면 나도 할 수 있지 않을까?'라는 상대적인 생각이 적용된다.

세상의 많은 일 중에서 가장 어려운 것이 바로 '사람을 상대로 하는 일'이다. 또한 세상에 가장 쉬운 일 중의 하나가 사람을 상대로 하는 일이다.

  사람은 누구나 자신이 믿고 따를 수 있는 사람과 영원히 함께 하기를 원한다. 반면 손해가 될 것 같고 믿기 힘든 사람과는 빨리 헤어지길 원한다. 당신은 어디에 속하는가? 스폰서 또는 업 라인에게 신뢰를 주는, 꼭 필요한 존재인가? 파트너, 다운라인에게 믿음과 용기와 희망을 주는 존재인가? 혹시 당신의 스폰서나 업 라인이 성장에 장애가 된다고 생각해 지나가는 나무꾼에게 부탁하려는 것은 아닌가?

  세상에 우리가 쓸모없다고 생각해 귀찮아하거나 손가락질 할 수 있는 사람은 아무도 없다. 조금 뒤떨어져 보이는 사람도 격려하고 용기를 주며 함께한다면 서로 아름답게 성장해갈 수 있다.

  훌륭한 리더는 자신의 능력이나 지식을 자랑하지 않는다. 그들은 자신의 성공이 헌신적으로 이끌어준 스폰서와 업 라인 그리고 수많은 파트너가 있었기에 가능했다고 말한다. 그렇기 때문에 네트워크마케팅 세미나, 컨벤션에서 가장 감동이 넘치는 장면은 '핀 수여식'이다.

  핀 수여식의 수상 소감에서 빼놓지 않고 나오는 말이 있다.

  "이 자리의 주인공이 될 줄은 꿈에도 몰랐습니다. 제가 이 자리에 올라오게 된 것은 저를 네트워크마케팅 사업에 추천해주시고 헌신적으로 이끌어주신 제 스폰서(업 라인)가 계셨기에 가능했습니다. 또한 어렵고 힘들 때마다 믿어주고 힘이 되어준 파트너(다운라인)들이 계셨기에 가능했습니다."

네트워크마케팅은 어려운 사업이 아니다. 당신이 세상에 다시 태어난 기분으로 모든 것을 받아들인다면 지구상의 어떤 일보다 쉽고 재미있고 행복한 비즈니스가 될 것이다.

인간관계에서 성공하라

네트워크마케팅 비즈니스만큼 간단명료하면서 쉬운 사업 형태는 찾아보기 힘들다. 특별한 조건을 내걸지 않고 누구든 참여할 수 있도록 문을 활짝 열어 놓았을 뿐 아니라 성공 과정이 다른 분야처럼 자격증이나 고도의 전문기술을 필요로 하지 않는다는 점에서 더욱 그렇다.

그렇다고 네트워크마케팅이 쉬운 사업이라는 것은 아니다. 신용과 신뢰를 바탕으로 하는 '사람과의 관계'를 통한 마케팅, 즉 인맥유통이기 때문이다. 인간관계의 기본은 "열 길 물 속은 알아도 한 길 사람 속은 모른다"는 속담이 잘 대변해주고 있다.

모든 사람이 당신의 말에 귀를 기울이고 동의해준다면 얼마나 좋을까? 세상 모든 사람이 당신처럼 긍정적인 마음자세와 적극적인 행동으로 열심히 살아간다면 얼마나 좋을까? 안타깝게도 그런 사람은 세상에 그리 많지 않다.

좋은 인맥을 형성하기 위해 뚜렷한 목표를 글로 작성하라

세계적으로 권위를 인정받는 성공컨설팅회사 SMI(Success

Motivation International)의 자료에 따르면 진정으로 부를 누리는 사람은 전체 인구 중 3퍼센트에 지나지 않는다고 한다. 비교적 여유로운 생활을 하는 사람이 10퍼센트, 간신히 한 달을 버티는 사람이 60퍼센트 그리고 자기 힘으로는 도저히 살아갈 수가 없어 정부나 특별기관에 의존하는 사람이 27퍼센트라고 한다.

결국 타인의 도움을 받지 않고 별다른 어려움 없이 지내는 사람은 전체 인구 중 13퍼센트이며 87퍼센트에 달하는 사람이 겨우 생계를 유지하고 있다는 얘기다. 왜 이런 현상이 일어나는 것일까? SMI는 이와 관련하여 더욱 구체적인 연구 결과를 내놓고 있다.

성공적인 인생을 살고 있는 3퍼센트는 '글로 작성한 뚜렷한 목표'를 갖고 있었다. 따라서 이들은 목표를 이루기 위해 남보다 훨씬 더 노력하는 자세를 보였다. 10퍼센트의 여유로운 삶을 누리는 사람은 글로 적은 목표는 없어도 마음속에 항상 목표를 세워 그 목표에서 벗어나지 않으려 애썼다. 간신히 한 달을 버티는 60퍼센트는 거의 목표가 없고 주어진 환경에 맞춰 피동적으로 살았다. 나머지 27퍼센트는 전혀 목표가 없어 남의 도움을 받는 구호대상자가 될 수밖에 없었다.

네트워크마케팅의 진정한 리더가 되고 싶은가? 그렇다면 이 연구 결과를 잘 분석해보라. 네트워크마케팅을 통해 미래를 보고 성공적인 결과를 만들고자 노력하는 당신은 3퍼센트에 포함된 성공자의 모습으로 살아가고 있는 것이다. 당신은 이미 뚜렷한 목표를 글로 써놓고 그것을 이루기 위해 노력하고 있는가?

인간관계에서의 성공이 진정한 성공이다

만약 네트워크마케팅 비즈니스가 쉽게 풀리지 않는다면, 그것은 당신의 능력이나 경험에 문제가 있는 것이 아니라 아마도 '복제'에 문제가 있을 것이다. 이 문제를 잘 이해한다면 네트워크마케팅 비즈니스를 멋지게 전개할 수 있다.

복제에서 성공하면 네트워크마케팅에서의 성공은 탄탄대로를 달리게 된다. 네트워크마케팅에서의 어려움과 고난은 회사나 제품, 보상플랜 문제가 아니라 '사람들과의 관계'와 관련된 것이다.

성공한 리더들의 성공강좌나 세미나에 참석해보면 하나같이 "실패는 없습니다. 성공하지 못한 사람들은 '포기'했기 때문에 그런 결과를 얻은 것입니다. 저도 포기하고 싶었던 적이 한두 번이 아니었습니다. 하지만 그럴 때마다 다시 일어서고 또 일어서서 결국 지금처럼 많은 사람이 부러워하는 성공자의 자리에 오르게 되었습니다"라고 말하는 것을 볼 수 있다.

이 말처럼 성공의 반대는 실패가 아니라 '포기'이다.

네트워크마케팅 비즈니스에서는 주로 시작한 지 6개월에서 1년 혹은 2년 정도 되는 사람이 많이 포기를 한다. 참으로 안타까운 일이다.

그들은 네트워크마케팅 비즈니스를 이해하고 열매를 얻기 위해 시간과 노력을 얼마나 투자했을까? 물론 그들 중 일부는 올바르지 못한 회사, 제품 혹은 온당하지 않은 보상플랜이 문제가 되었을 수도 있다. 하지만 회사나 제품, 보상플랜이 객관적으로 긍정적인 평가를 받고 있으며 이미 성공적인 시스템이 구축되어 성공자를 배출하고 있는 상황이라면 분명 다른 요인이 작용하고 있는 것이다.

당신이 존경하는 최고리더는 해박한 지식과 특별한 실력으로 성공한 것이 아니라, 인간관계에서 성공한 사람이다. 마찬가지로 당신이 진정으로 최고리더가 되고자 한다면 파트너로 인해 발생하는 고통을 달게 받아들여야 한다.

지구상에 유태인만큼 삶은 달걀을 좋아하는 민족도 흔치 않다. 그들은 고통의 날이나 환희의 날에는 언제나 삶은 달걀을 먹는다. 음식은 대개 삶을수록 부드러워진다. 그러나 달걀은 삶을수록 더욱 단단해지는 속성을 지니고 있다. 고난이나 실패가 인간을 강인하고 단단하게 만든다고 믿는 유태인은 그런 속성에 의미를 부여해 삶은 달걀을 먹는 것이다.

당신이 진정 최고리더가 되고 싶다면 고난이나 실패가 인간을 단단하게 만든다는 것을 믿고 삶은 달걀을 먹는 유태인의 교훈을 기억하라.

당신의 그룹에서 고난을 극복할 수 있는 리더십이 제대로 복제될 수 있도록 헌신해야 한다. 그것이 바로 네트워크마케팅에서의 성공의 지름길이다.

인간관계에서 필수적인 성공요인은 '인내'와 '겸손'

옛날 중국 한(漢)나라의 재상을 지낸 장량(張良)이 젊은 시절 진시황제를 암살하려다 실패하고 숨어 지내고 있을 때의 일이다.

어느 날 마을의 다리를 지나다가 한 초라한 노인과 마주치게 되었는데, 노인은 갑자기 자기 신발을 벗어 다리 아래로 떨어뜨리고는 "가서 집어 오너라!"라고 말했다. 순간 장량은 울화가 치밀었지만 꾹 참고 신발을 주워왔다. 노인은 "신겨라"라며 발을 내밀었다. 장량은 아무 말 없이 무릎을 꿇고 노인에게 신발을 신겼다. 노인은 미소를 지으며 "너는 쓸 만한 데가 있을 듯하구나"라고 말했다. 그 후에도 노인은 여러 차례 그의 인내심과 겸손함을 시험하고는 그에게 ≪태공망여상(太公望呂商)≫이라는 병법책을 주고 사라졌다. 이후 장량은 유방(劉邦) 장군을 도와 진나라를 멸망시키고 한나라를 다시 세우는 데 커다란 공을 세울 수 있었다.

네트워크마케팅 비즈니스에서 성공한 최고리더의 성공요소 중 단연 돋보이는 것은 바로 '인내'와 '겸손'이다. 물론 어떤 일에서든 인내와 겸손은 성공요소가 되지만, 특히 사람들과의 수많은 관계로 진행되는 네트워크마케팅 비즈니스에서는 절대적으로 필요하다. 쉽게 성공을 얻으려고 해서는 안 된다. 당신이 진정한 성공자가 되길 원한다면 스스로를 낮출 수 있는 인내심과 겸손함을 갖춰라.

환경을 탓하지 말라

어느 알코올 중독자에게 두 아들이 있었다. 세월이 흐른 후 형은 성공해서 행복하게 살았지만, 동생은 아버지처럼 알코올 중독자가 되고 말았다.

심리학자는 두 사람에게 각각 "당신은 어째서 이런 사람이 되었습니까?" 하고 물었다. 놀랍게도 형과 동생의 대답은 똑같았다. "모두가 아버지 때문입니다."

같은 아버지를 보며 자랐지만 형은 "난 아버지처럼 되지 말아야지" 하고 긍정적이면서 적극적인 선택으로 승리의 길을, 동생은 "내가 열심히 살아봐야 다 헛수고지. 기껏해야 아버지의 아들인데 별 수 있겠어" 하며 부정적인 패배의식으로 살았기에 전혀 다른 길을 가게 된 것이다.

성공한 리더의 공통분모, '긍정적인 태도'

당신의 네트워크마케팅 비즈니스는 어떠한가? 당신은 혹시 환경을 탓하고 있지 않은가?

네트워크마케팅처럼 말도 많고 탈도 많은 비즈니스도 드물다.

그럼에도 타 업계보다 빠른 시간 내에 고소득자가 많이 나오는 걸 보면 분명 뭔가 특별한 게 있긴 있는 것이다. 그것이 과연 무엇일까? 내가 연구한 결과에 따르면 성공적인 리더에게는 한 가지 공통분모가 있는데, 그것은 바로 '긍정적인 태도'였다.

사실, 네트워크마케팅에서 성공한 대부분의 리더는 생활에 그리 여유가 있던 사람들이 아니었다. 오히려 일반 사람들보다 생활고에 찌든 경우가 많았다. 또한 학력이 높지도 해박한 지식을 갖추지도 못했다. 단지 미래를 위해 열심히 살아가겠다는 순수한 마음밖에 없는 소박한 사람들이었다.

그들에게 어느 날 갑자기 네트워크마케팅이라는 특별한 정보가 전달되어 잠자는 거인을 깨우고, 그것이 엄청난 힘을 발휘해 또 다른 세계를 만들어갈 수 있었던 것이다. 자칭 똑똑하다고 하는 사람들이 회사, 제품, 보상플랜, 사업 전망에 대해 이런저런 말을 늘어놓으며 따질 때 그들은 이미 성공한 스폰서의 시스템을 묵묵히 따랐다. 또한 세미나를 몇 번 들어보고 "난 다 알아" 하며 헛똑똑이들이 교육시간을 요리조리 빠져나갈 때, 그들은 귀에 못이 박이도록 듣고 또 들으며 네트워크마케팅 사업자로서의 마인드를 굳게 다져나갔다.

세상은 공평하다. 그렇게 꾸준히 자신의 길을 걸은 사람은 점점 전문 네트워커로 변해갔고, 스스로도 믿기 어려워할 만큼 신분 상승을 이루었다. 그들은 단지 성공한 최고리더의 이야기에 귀를 기울이고 그들이 제시하는 성공의 길을 의심하지 않고 그대로 따랐을 뿐이다. 즉, 긍정적인 태도의 주인공이었던 것이다.

그토록 쉽게 성공할 수 있는 것이 네트워크마케팅 비즈니스인데 왜 많은 사람이 성공하지 못하는 것일까? 혹시 알코올 중독자의 둘째 아들처럼 주어진 환경을 탓하고 불평하며 지내기 때문은 아닐까?

'왜 우리 회사는 이럴까?'
'왜 하필 이런 제품이지?'
'왜 이렇게 보상플랜이 어려워?'
'우리 스폰서는 왜 나를 도와주지 않는 거야!'
'왜 이렇게 교육이 많아!'

이렇게 불평을 쏟아 놓는 사람에게 모든 것이 잘 갖춰진 환경을 제공한다면 성공할 수 있을까? 나는 그렇지 않다고 본다. 지구상에서 이용되고 있는 수많은 문명의 이기(利器)는 처음부터 존재하고 있던 것이 아니다. 누군가 불편을 느껴 그것을 해결하기 위해 많은 고민과 실패를 거듭한 끝에 만들어낸 작품인 것이다. 불편을 느끼지 않으면 또 다른 발전을 기대할 수 없다. 부족함을 느끼지 못하면 채우려고 노력하지 않을 것이기 때문이다.

개인적인 성장도 마찬가지다. 어려움 없이 살아온 사람이 과연 인생의 참맛을 알 수 있을까? 네트워크마케팅에서 모든 조건이 갖춰지면 성공할 수 있을 것 같지만, 오히려 노력을 기울이는 정도 차이 때문에 어지간히 힘을 들이지 않는 한 성공하기가 힘들어진다.

네트워크마케팅 비즈니스는 인생의 축소판이라 할 수 있다. 인간의 어우러짐이 가장 합리적이고 과학적으로 표현되면서도 태도와 정신적인 부분, 특히 '사랑' 같은 가치 있는 부분을 빼놓고 진행할 수 없으니 지구상에서 가장 고귀하고 숭고한 비즈니스라고 할 수 있는 것이다. 특히 네트워크마케팅 비즈니스는 환경이 어려울수록 그것이 사람의 잠재력을 발휘할 수 있는 기회가 되기 때문에 더욱 성숙하고 성장할 수밖에 없다.

당신이 진정 네트워크마케팅의 리더가 되고자 한다면 환경을 탓하지 말라. 오히려 당신이 위대한 네트워커가 될 수 있는 멋진 기회라고 생각하라.

위기를 성공의 기회로 만드는 것이 진정한 리더

세계적인 땅콩 생산지인 앨라배마주의 엔터프라이즈에 가면 마을의 재판소 앞에 이상한 돌탑이 서 있다. 여기에는 "우리는 목화를 갉아먹었던 벌레에게 깊은 감사를 표한다. 그 벌레는 우리에게 번영의 계기와 하면 된다는 신념을 주었다. 목화벌레들이여, 다시 한번 그대들의 노고에 감사한다"라고 써 있다.

그곳은 본래 목화의 주요 생산지였지만 1895년 난데없이 목화벌레 떼가 기승을 부리면서 많은 사람이 기근과 실직의 아픔을 맛보게 되었다. 그때 미국의 개척자들은 그 처절한 재앙에 도전해 콩과 감자, 옥수수를 재배함으로써 오늘날 세계적인 땅콩 생산지로 거듭날 수 있었던 것이다.

세계적인 성공자에게는 모두 인생의 전환점(Turning Point)이 있었다는 공통점이 있다. 모든 네트워커가 그런 멋진 전환점을 갖게 된다면 얼마나 좋을까?

　네트워크마케팅에는 아주 독특한 문화가 있어서 시류에 따라 증명되지 않은 불합리함이 10년 공들여 쌓은 탑을 순식간에 무너뜨리기도 한다. 소위 말하는 '카더라' 통신이 사람들의 불안감을 조장하게 되면 머리 좋은(?) 리더는 재빠르게 자리 이동(?)을 하기도 한다. 네트워크마케팅에 대한 철학도 없는 무리가 말 그대로 무리지어 여기저기로 자리 이동을 하는 것을 보면 답답함을 금할 수 없다.

　네트워커에게는 네트워크마케팅의 숭고한 철학이 필요하다.
　몇 년간 이뤄놓은 네트워크마케팅의 소중한 이미지를 또 다시 이상하게 만들 필요가 어디 있는가? 네트워크마케팅이 좋은 이미지로 변화하기를 얼마나 기다려왔는가? 이제 겨우 언론, 대학, 관련기관에서 긍정적으로 이해할 만큼 걸음마를 걷기 시작했는데 한순간의 실수로 10년간 공들인 탑을 스스로 무너뜨리려 하는 이유가 무엇인가?
　대한민국에는 내노라하는 세계적인 네트워커가 많이 있다. 그들은 네트워크마케팅의 역사를 만든 사람들로 충분히 존경받을 만하다. 그 이유는 그들이 가장 어려운 시기, 즉 외부환경으로 모든 파트너가 떠났을 때도 포기하지 않고 그 자리에서 다시 시작했기 때문이다. 나아가 그들은 보란 듯이 멋지게 일어났다.
　최대의 위기 속에는 최고의 기회가 숨어 있게 마련이다. 네트워커는 간혹 위기의 순간을 맞이하기도 하지만, 그 속엔 분명 크게 성장하기 위한 기회가 숨어 있다는 것을 기억하라.

타인을 성공시켜라

글쓰기를 좋아해서 소설, 우화, 시 등을 백 편 이상 쓴 한 젊은이가 있었다. 전쟁이 터지자 그 젊은이는 용병으로 전쟁에 참전했다가 패하는 바람에 포로가 되어 감옥에 갇히게 되었다.

젊은이는 감옥에서도 좌절하지 않고 열심히 소설을 써서 감옥에 있는 동료들에게 보여주었다. 동료들은 그의 글을 읽고 매우 재미있어 했으며 젊은이는 그 모습을 보고 더 큰 즐거움으로 글을 썼다. 그렇게 해서 나온 책이 ≪돈키호테≫이며, 그 젊은이는 세르반테스이다.

파트너에게 믿음을 줘라

남을 위해 사는 사람은 오히려 자신이 더 큰 즐거움을 누린다. 나아가 모든 사람에게 유익한 즐거움을 준다. 네트워크마케팅 비즈니스는 네트워커 자신에게뿐 아니라, 파트너에게도 즐거움을 줄 수 있는 멋진 시스템이다. 다시 말해 네트워크마케팅에서의 성공은 남을 성공으로 이끌어주었을 때 찾아온다.

네트워크마케팅에서 평생을 함께할 사람은 당신의 다운라인

즉, 파트너들이다. 파트너들에게 인생의 동반자나 죽마고우와 마찬가지로 조건 없는 믿음을 심어주어야 한다. 아이들이 엄마, 아빠라는 이유로 부모에게 무조건 의지하는 것처럼 파트너들은 당신을 믿고 따른다. 설령, 그들이 당신보다 인생 경험이 많은 선배나 해박한 지식을 갖춘 지식인일지라도, 당신이 스폰서이기에 당신에게 모든 것을 의지하는 것이다.

스폰서라는 위치 때문에 책임감과 많은 부담감을 느낄지도 모른다. 그렇다고 그리 걱정할 필요는 없다. 마치 자식이 원하는 것은 무엇이든 다 해주고 싶어 하는 부모의 마음처럼 파트너를 순수하게 돕겠다는 마음만 있으면 되는 것이다. 진정으로 당신의 파트너가 성공할 수 있도록 모든 노력을 기울인다면, 기대 이상의 결과가 나올 것이다. 진심은 어디서든 통하는 법이다.

사자처럼 털이 많은 맹수는 본능적으로 불을 싫어한다. 그런데 어쩌다 서커스를 보게 되면 사자가 오히려 불 속에 뛰어들어 관객의 박수를 받고 있다. 대체 어찌된 일인가? 그것은 바로 '믿음' 때문이다. 사자는 수많은 훈련 과정을 통해 조련사가 불을 통해 자신에게 불이익이 아니라 좋은 결과를 만들어주려 한다는 '믿음'을 갖게 된 것이다.

사랑이 넘치는 멋진 스폰서라는 '믿음'을 주어야 하는게 진정한 리더라고 나는 생각한다.

미래를 내다볼 줄 아는 긴 안목

오랫동안 큰 건축회사에서 일해 온 어느 건축가가 퇴직을 앞두고 있었다. 어느 날 사장이 그 건축가에게 마지막으로 집을 하나만 더 지어달라고 부탁했다.

퇴직을 해서 마음 편히 여생을 보내고 싶었던 건축가는 썩 마음이 내키지 않았지만, 특별한 부탁이라 할 수 없이 일을 시작했다. 그러나 집을 지을 때마다 '이번에는 사람들이 놀랄만한 멋진 작품을 만들어야지' 하던 예전의 열정이 사라진 그는 귀찮은 마음에 일을 대충 처리했다. 재료는 엉망이었고 세심하게 살펴보아야 할 많은 과정을 제대로 감독하지도 않았다.

그럭저럭 집이 완성되자, 사장이 그를 찾아와 말했다.

"이 집은 바로 자네 것이라네. 은퇴를 기념하기 위한 내 선물일세."

이 말을 들은 건축가의 표정이 어땠을까? 만약 사장이 그 집의 주인이 누구인지 미리 말해주었다면 지금까지 지었던 집보다 훨씬 멋진 집을 짓기 위해 노력했을 것이다.

행운은 언제 어떤 모습으로 다가올지 모른다. 노크도 하지 않고 소리 없이 다가올 수도 있다. 먼 미래를 내다보고 최선을 다하면 된다. 특히 나로부터 그룹이 형성된 파트너에게 최선을 다하면 된다. 스폰서는 파트너들을 평가하고 군림하는 자리가 결코 아니다. 그들 안에 잠자고 있는 잠재력을 깨워주는 자리이다. 평범한 파트너들의 잠재력이 깨어날 수 있도록 그들의 장점을 끄집어 내주는 자리이다. 그들만의 특별한 능력을 인정하고 칭찬하면 언젠가는 그들 자신도 깜짝 놀랄만한 잠재력을 발휘할 것이다.

시스템 활용과 솔선수범

파트너들의 성공을 위해 최선을 다한다면 그룹은 나날이 확장될 것이다. 문제는 점점 늘어나는 파트너들을 일일이 쫓아다니며 챙기기가 어렵다는 점이다. 따라서 손길이 닿지 않는 파트너에게 당신의 정성이나 의지와 상관없이 불만 혹은 갈등이 쌓일 수 있다. 안타깝게도 많은 네트워커가 연구소에 찾아와서 나에게 하소연하는 내용 중 대부분이 이러한 문제이다.

물론 그 해결책은 쉽고 간단하다. 이미 구축된 그룹의 성공시스템에 철저히 맞추는게 중요하다. 이미 당신보다 성공하고 영향력도 큰 스폰서나 선배들이 만들어 놓은 시스템이 있을 것이다. 그 시스템을 최대한 활용하는 것이 최선이다.

그렇게 스스로 시스템을 따르면서 당신의 손길이 닿지 않는 파트너에게 그 시스템 안으로 들어오라고 하면 모두가 따를 것이다. 당신이 모범을 보이면 파트너들은 의심 없이 참여한다. 시스템에는 당신이 지닌 것보다 다양한 정보와 세련된 노하우가 있기 때문에 각 개인의 능력 이상으로 파트너들을 이끌어줄 것이다.

이 얼마나 신나는 일인가? 이것이 바로 네트워크마케팅의 매력이다. 한 사람의 능력만으로 그룹을 이끌어가는 것이 아니라 이미 입증된 성공 시스템과 경험이 풍부한 스폰서들과의 팀워크로 그룹을 이끌어갈 수 있는 것이다.

   논리적이고 체계적인 시스템을 따르면 스폰서라는 부담에서 깨끗하게 벗어날 수 있다. 더 이상 스폰서로서 필요 이상의 부담을 느끼지 말자.

정성 쏟는 마케팅이다

어떤 아버지와 아들이 위험한 사막을 건너고 있었다. 날씨는 타는 듯 뜨겁고 길은 험하기 짝이 없었다. 견디다 못한 아들이 아버지에게 호소하듯 말했다.

"아버지, 저는 힘이 다 빠진데다 목이 타서 죽겠어요. 더 이상은 못 가겠어요."

아버지가 차분히 격려했다.

"용기를 내거라. 우리의 선조들도 이 고통의 길을 걸어왔단다. 두려운 것은 물이 없는 것이 아니라 희망과 용기를 잃는 것이다."

아버지의 격려에 다시 걷던 아들은 얼마 후 눈앞에 나타난 공동묘지를 보고는 두려움에 떨며 말했다.

"아버지 저것 보세요. 우리 선조들은 사막에서 다 죽었잖아요. 우리도 죽고 말 거예요."

아들의 말에 아버지가 대답했다.

"무덤은 실망이 아니라 희망이다. 공동묘지가 있다는 것은 근처에 사람이 사는 마을이 있다는 증거란다."

얼마 후 아버지의 말대로 마을이 나타났고 아버지와 아들은 물을 얻고 휴식을 취할 수 있었다.

인간이 동물과 다른 점이 있다면 그것은 희망을 갖고 살아가는 '생각하는 존재'라는 것이다. 미래에 대한 원대한 꿈이 없었다면 지구상에 자동차, 비행기, 빌딩, 그밖에 모든 문명은 만들어질 수 없었을 것이다. 창조적이고 긍정적인 생각으로 얼마나 많은 기적이 일어났는가? 마찬가지로 인류의 미래는 지금 우리의 생각이 어떻게 바뀌느냐에 좌우될 것이다.

　네트워크마케팅 비즈니스 역시 미래를 꿈꾸는 사람들의 긍정적인 집합체다. 그 꿈을 이루도록 도와주는 존재가 바로 이 사업을 먼저 시작한 리더들이다. 물론 리더도 꿈을 꾸어야 한다. '어떻게 하면 나도 성공할 수 있을까'가 아니라, '어떻게 하면 파트너를 성공시킬 수 있을까' 하는 꿈 말이다.

　그 꿈을 이루기 위해 먼저 당신 자신이 리더로서 문무를 겸비해야 한다. 다시 말해 실전 경험과 지식을 갖춰야 하는 것이다.

성공은 실전지식을 익히는 과정

　아버지와 아들이 무사히 사막을 건널 수 있었던 것은 단순히 희망 때문만은 아니다. 리더인 아버지는 선조들의 행적이나 사막에 대한 경험 그리고 공동묘지를 보고 분명 근처에 사람이 사는 마을이 있을 거라는 '지식'을 갖추고 있었다. 만약 그런 기본적인 지식이 없었다면, 그들은 희망을 잃고 사막에서 목숨을 잃었을지도 모른다.

　지식은 두 가지로 나눌 수 있다. 하나는 직접 경험에 의한 것이고 다른 하나는 책이나 교육 등을 통해 쌓인 간접적인 것이다. 어렸을 때는 주로 간접적인 지식을 통해 많은 것을 인식하고 그에 따라 행동하지만, 어른으로 성장하면서 경험에 의한 지식을 기준으로 행동하게 된다.

네트워크마케팅 비즈니스에서는 지식의 축적 과정이 아주 짧은 기간에 이루어진다. 초보 네트워커는 스폰서나 선배의 교육 및 스폰서링을 통해 간접 지식을 쌓고 곧바로 행동으로 들어가 나름대로 성공과 실패를 경험하며 그 결과를 자신의 지식으로 정리하게 된다. 이것이 직접 경험한 실무 지식으로 네트워크마케팅의 가장 강력한 무기이다.

중요한 것은 그 실무 지식이 간접 지식의 1/10, 1/100, 혹은 1/1000일 수 있다는 점이다. 당신의 스폰서나 세계적인 성공자, 동기부여가들이 쓴 성공법칙을 읽거나 교육을 통해 얻은 지식은 그야말로 엄청난 양일 것이다. 그중에는 '바로 이렇게 하는 거구나', '그래, 이 방법이 맞아'라고 당신의 실무 지식으로 만들 수 있는 것도 있다.

대다수의 지식에는 보이지 않는 땀이 스며 있다. 특히 네트워크마케팅 비즈니스에서 리더의 말 한마디는 수많은 사람을 수월하게 성공으로 이끌 수 있는 '살아있는 지식'이 될 수도 있고, 반대로 많은 사람을 갈팡질팡하게 만드는 '엉뚱한 지식' 혹은 '쓸데없는 지식'이 될 수도 있다.

성공원리나 법칙을 습득하지 않고 자신의 경험과 지식만으로 파트너를 이끌면, 그들이 만드는 지식은 극히 미미해질 것이다.

나아가 그 지식만으로 또 다른 파트너를 만든다면 시간이 갈수록 더 좋은 인맥을 만들기는커녕 자신과 비슷한 사람이나 그 이하 수준의 사람들만 모으게 될 것이다.

리더는 파트너들을 훌륭한 네트워커로 성장시키기 위해 노력하는 사람이다. 진정으로 당신의 파트너가 당신보다 나은 성공자가 되길 바란다면 당장 서점으로 달려가 성공원리나 성공법칙이 담긴 책을 구입해 매일 읽어라. 또한 세미나에 참석해 당신보다 성공한 사람이 들려주는 생생한 성공지식을 배워라.

지식 없는 리더는 파트너들을 책임질 수 없으며 심지어 그들의 꿈을 잃어버리게 할 수도 있다.

심플한 시스템을 따르는 게 최고

어떤 젊은 남녀가 사랑을 속삭이기 위해 동산에 올라 좋은 자리를 찾아 앉았다. 앉아서 보니 좀더 위쪽이 좋아 보여 그곳으로 자리를 옮겼다. 하지만 이번엔 오른쪽이 훨씬 아늑해보였고, 그들은 다시 그쪽으로 자리를 옮겼다. 그런데 이번에는 맞은편이 더 나아 보이는 것이 아닌가! 두 사람은 한번만 더 자리를 옮기리라 생각하고 맞은편으로 갔다. 아, 인간의 욕심은 끝이 없는 것일까? 다시 보니 아래쪽이 가장 좋은 자리 같아 "한번만 더…"하며 아래쪽으로 옮겼다.

그렇게 아래쪽으로 옮겨 앉은 남녀는 마주보고 쓴웃음을 지어야 했다. 그 자리는 자신들이 처음으로 자리 잡았던 곳이었기 때문이다.

네트워크마케팅의 매력은 무엇보다 레버리지 효과, 즉 지렛대의 원리에 있다. 이것은 개인의 경험이나 능력만으로 일하는 것이 아니라 많은 사람과 팀워크를 통해 수십 년에 걸쳐 이룰 일을 몇 년 만에 이루는 것을 의미한다. 이런 멋진 시스템을 제대로 이해한다면 얼마나 좋을까?

안타깝게도 아직도 많은 네트워커가 네트워크마케팅의 기본 원리를 이해하지 못하고 엉뚱한 수업료를 내고 있다. 그 정도에서 그친다면 다행이지만 좋은 관계에 있던 가까운 사람들을 멀어지게 만들기도 한다. 이 모든 책임은 그들의 리더에게 있다. 리더가 네트워크마케팅 원리를 정확히 이해하고 성공 시스템을 제대로 숙지하고 있었다면 그처럼 비싼 수업료를 내거나 좋은 인맥을 망치는 일은 없을 것이다.

초보 네트워커를 세미나 몇 번 듣게 하고 밖으로 내몰지 말라. 그들이 비전을 느꼈으면 얼마나 느꼈겠는가? 그들의 흥분된 감정을 이용해 좋은 인맥을 망치게 하지 말라. 그것은 열정 하나로 무기도 없이 전쟁터로 나가는 것과 같다. 아무리 열정이 강할지라도 총을 다루는 방법, 리더를 따르는 법, 작전에 대한 지식, 팀의 역할과 자신의 역할 등 성공에 절대적으로 필요한 것을 익히지 않으면 안 된다.

설사 이 모든 것을 익혔을지라도 실전에 투입되면 순간순간 수정 및 보완해야 할 일이 생기게 마련이다. 그것은 경험 있는 리더가 순발력을 발휘해 적절히 처리해야 할 일이다. 모든 일에는 순서가 있고 결과를 만들기 위한 과정이 있는 법이다. 당신이 파트너를 성공시키겠다는 리더의 마음을 갖고 있다면, 장기적인 안목으로 그들이 성장할 수 있도록 이끌어야 한다.

  그렇게 하기 위해 이미 구축되어 있는 시스템을 따르는게 최선이다. 당신 혹은 파트너들의 생각대로 네트워크를 펼치는 우를 범해서는 안된다. 이 말은 스폰서나 성공자가 이미 경험한 시행착오를 겪지 말라는 얘기다. 그들이 경험을 토대로 만들어 놓은 최고의 시스템을 믿고 따르면 된다. 당신이나 파트너들이 괜한 수고를 하는 일은 없어야 한다. 그땐 이미 너무 많은 것을 잃고 난 후가 될 것이기 때문이다.

  네트워크마케팅의 역사는 이미 70년이 넘었다. 그 긴 세월동안 다양한 방법과 지식이 구축되었을 법도 하지만, 네트워크마케팅에서 성공한 백만장자의 성공원리와 지식은 우리가 알고 있는 단순한 지식을 뛰어넘지 못하고 있다. 심지어 유치할 정도이다. 하지만 그것이 바로 성공 시스템이자 백만장자가 되는 방법이다. 일부러 찾지 말고 배운 것을 단순하게 정리해 반복해서 행동하라! 그러면 분명 성공할 것이다.

아름다운 프로가 되어라

　스페인의 피레네 산꼭대기에 아주 아름다운 늙은 염소가 살고 있었다. 많은 사람이 그 염소를 잡기 위해 애를 썼지만 모두 실패하였다. 그 이유를 알아내고자 관찰을 해보니 늙은 염소의 곁에는 젊고 영리한 염소가 있어 위험이 있을 때면 재빨리 늙은 염소를 멀리 달아나도록 하고 있었다.
　코뿔소는 눈이 나빠 잡히기 쉬운 동물이지만, 코뿔소의 살갗에 몰려들어 곤충을 잡아먹는 새의 도움으로 위기를 넘긴다고 한다. 그 새는 코뿔소의 등에 한가로이 있다가 위험이 닥치면 얼른 그것을 알려주는 것이다.
　오소리의 일종인 레이틀은 꿀을 좋아하는 두견새와 함께 다니는데, 눈이 밝은 두견새가 벌집을 찾으면 날카로운 발톱을 가진 레이틀이 벌집을 파헤쳐 둘이 꿀을 맛있게 먹는다고 한다.

　네트워크마케팅은 우리에게 주어진 최고의 선물이라 할 수 있다. 특별한 조건 없이 시작할 수 있고 노력에 따라 고소득의 주인공이 될 수도 있는 이런 멋진 시스템을 어느 분야에서 찾아볼 수 있단 말인가? 네트워크마케팅은 부지런하고 성실한 우리나라 사람들에게 안성맞춤인 비즈니스이다.

긍정적인 면을 따지자면 몇 시간, 며칠을 이야기해도 모자랄 지경이지만 사람이 모이는 곳에는 말도 많고 탈도 많은 법이다. 특히 네트워크마케팅은 '인맥유통'이므로 항상 '인간관계'를 생각해야 한다. 모든 것이 사람들과의 관계로부터 시작되고 진행되며 결과가 만들어지기 때문이다.

단순히 좋은 관계를 유지하는 것이 아니라 좀더 적극적인 관계라고 할 수 있는 '서로 도와주는 관계'로 이루어지는 비즈니스가 바로 네트워크마케팅이다. 서로 다른 동물이 각자의 장점을 발휘해 도움을 주고받으며 살아가는 것처럼 네트워크마케팅은 'win-win 비즈니스'이다.

그렇다면 리더의 역할은 더욱 분명해진다. 멋진 리더, 최고의 리더가 되고 싶다면 파트너들이 서로 도와줄 수 있는 존재가 되도록 이끌면 되는 것이다.

첫인상이 좋아야 비즈니스가 즐겁다

우리는 보통 신뢰할 만한 사람에게 일을 맡기고 싶어 하고 또한 함께 일하고 싶어 한다. 그렇다면 신뢰할 만하다는 것을 한눈에 알아볼 수 있는 방법은 무엇일까? 물론 오류가 있을 수 있지만 첫인상으로 판단할 수밖에 없다. 첫인상이 좋은 사람, 말을 정겹게 하는 사람, 예의바른 사람 등 외적인 모습으로 신뢰도를 평가해야 하는 것이다.

100퍼센트 맞는 것은 아니지만 대부분의 사람이 첫인상을 신뢰도의 평가 기준으로 삼고 있다. 그런 의미에서 네트워커도 예상고객(프로스펙트)에게 기회를 주기 위해 만날 때 소득에 대한 비전이나 제품 전달 효과보다 첫인상에 신경을 써야 한다.

첫인상을 좋게 하려면 어떻게 해야 할까?

첫인상이 좋아지려면 우선 내적인 변화가 필요하다. 그런 다음 곧바로 외적인 변화를 추구해야 한다. 내가 세미나나 트레이닝 코스를 통해 가장 강조하는 것은 바로 '변화'이다. 변화에는 내적인 변화와 외적인 변화가 있는데, 내적인 변화를 위해서는 다음을 실천하는 것이 좋다.

첫째, 뚜렷한 목표를 설정하고 그것을 기록해 매일 본다. 목표가 뚜렷하면 열정이 생긴다. 비전이 확실히 느껴져 자신감이 생겨나는 것이다.

둘째, 성공에 관한 책이나 CD 등을 구입해 매일 보고 듣는다. 긍정적인 태도를 지니려면 이미 입증된 성공법칙을 익히고 생각을 정리해야 한다. 긍정적인 생각은 긍정적인 행동을 유발하고 긍정적인 행동은 좋은 결과를 낳는다는 원리를 완전히 익히는 것이다.

셋째, 성공자의 세미나에 적극 참여해 그들의 성공 스토리나 노하우를 익혀 자신의 것으로 만든다. 열심히 성공요령을 찾는 것도 중요하지만, 이미 성공한 사람을 따라하는 것은 아주 쉬운 성공의 길이다.

이처럼 뚜렷한 목표를 설정하고 성공에 관한 책과 CD를 보고 들으며 성공모델을 꾸준히 따라하면 당연히 성공적인 생각을 하게 된다. 그리고 성공적인 생각을 하면 얼굴이 활짝 펴지게 된다. 이러한 변화를 예상고객들이 알아주면 얼마나 좋을까? 안타깝게도 예상고객들은 늘 시간에 쫓기며 살아가기 때문에 당신이 아무리 좋은 생각을 가지고 그들에게 다가선다 해도 눈썹 하나 까딱하지 않는다. 그렇다면 또 무엇이 필요할까?

프로는 아름답다

내적인 변화에 더해 외적인 변화도 필요하다. "보아야 믿는다!"는 말처럼 당신이 성공자의 마인드를 갖게 되었다는 것을 눈으로 보여줄 수 있어야 한다. 어떻게 해야 할까?

첫째, 미소를 짓는다. 세상에서 돈 한 푼 들이지 않고도 최상의 결과를 이끌어낼 수 있는 것이 바로 미소이다. 찡그린 표정으로 좀더 나은 내일을 기대한다는 것은 대단히 어리석은 일이다. 당신은 꿈과 희망이 담긴 미소로 찡그린 사람들을 감동시켜야 한다.

둘째, 밝게 인사한다. 외국인은 엘리베이터에서 눈만 마주쳐도 미소를 지으며 인사를 나누지만 우리는 인사에 인색한 편이다. 같은 건물, 같은 아파트에 살면서도 매일 보는 이웃과 좀처럼 반가운 기색을 표현하지 않는다. 대개는 멀뚱멀뚱 엘리베이터의 층 숫자가 바뀌는 것만 바라보기 일쑤다.

셋째, 칭찬을 한다. 예로부터 겸손을 미덕으로 아는 문화적 영향 탓인지 우리는 칭찬에 인색하다. 누가 자신을 칭찬하면 멋쩍

어하는 것은 물론 남을 적극적으로 칭찬하지 못한다. 그러나 당신이 진정 성공을 바라는 네트워커라면 칭찬에 익숙해져야 한다.

  넷째, 때에 맞게 복장을 갖춰 입는다. 네트워크마케팅에 입문하는 것이 쉽다 보니 대부분의 네트워커가 그 위대한 가치를 제대로 깨닫지 못한다. 이에 따라 집에서 입던 옷을 그대로 입고 교육장에 나온다거나 편안한 캐주얼 차림으로 활동하는 것을 볼 수 있다.

  네트워커는 자유로운 비즈니스맨이긴 하지만, 팀워크 없이는 성공할 수 없으므로 팀워크를 잘 이룰 수 있는 방법을 찾아 그것을 실천해야 한다. 복장을 갖춰 입는 것도 하나의 예라 할 수 있겠다.

  2002년 월드컵을 기억한다면 대한민국이 4강 신화를 이룰 수 있었던 요인 중 빼놓을 수 없는 것이 붉은 악마의 붉은색 티셔츠라는 데 공감할 것이다. 물론 이처럼 같은 색, 같은 모양은 아닐지라도 최소한 예상고객이 보았을 때 깔끔하고 세련된 이미지를 연출할 수 있어야 한다.

  내가 진행하는 '네트워크마케팅 성공스쿨'에 참여하는 네트워커는 일단 복장부터 확연한 변화를 느끼게 된다. 헤어스타일, 미소, 인사를 강조하는 것은 물론 심지어 여성 네트워커도 비즈니스용 가방을 들고 다니도록 권하기 때문이다.

  그러면 어떤 사람은 이렇게 말한다.

  "이렇게 한다고 성공하나요?"

  나는 자신 있게 대답한다.

"분명 성공합니다!"

물론 헤어스타일과 복장이 바뀐다고 해서 당장 성공하는 것은 아니다. 하지만 그처럼 성공적인 태도를 매일 행동으로 옮기면 자신도 모르는 사이에 성공적인 습관이 몸에 배여 결국 성공할 수 있다.

성공은 그리 특별한 것이 아니다. 특히 네트워크마케팅 비즈니스에서는 더욱 그렇다.

내적인 변화와 외적인 변화를 통해 첫인상을 좋게 만들었다면 당당하게 세상에 나가보라. 취업문은 점점 좁아지고 명퇴자들이 거리에 쏟아지는 이때, 창업박람회에 참여해 기회를 찾는 수많은 사람들 앞에 서서 그들의 미래를 이야기하라. 당신의 미래를 이야기하라.

당신은 'win-win 비즈니스'를 즐기는 프로 네트워커이다.

사업설명 전문가를 만들어라

옛날 어느 왕이 백성들의 마음을 알아보고 싶어 몇몇 신하와 함께 밤에 궁궐을 빠져 나왔다. 왕은 신하들에게 일러 백성들이 가장 많이 오가는 길 한가운데에 서너 명이 힘을 써야 옮길 수 있는 큰 돌덩이를 가져다놓으라고 명령했다. 아침이 되자 백성들이 하나둘 그 길을 지나갔다.

가장 먼저 장사를 하는 사람이 길 한가운데에 놓인 돌덩이를 보고는 "아침부터 재수 없게 큰 돌덩이가 길을 가로막다니!"라고 투덜대며 옆으로 피해서 지나갔다.

잠시 후, 관청에서 일하는 사람이 지나가다가 "누가 이 큰 돌을 길 한복판에 갖다 놨지? 이놈 잡히기만 해봐라"라고 화를 내며 지나갔다.

뒤이어 온 젊은이는 돌덩이를 힐끔 보더니 이상하다는 듯 고개를 갸우뚱거리며 빠른 걸음으로 휙 지나갔다.

얼마 뒤에 한 농부가 수레를 끌고 지나가다가 "어, 이렇게 큰 돌덩이가 왜 길 한가운데에 놓여 있지? 지나다니는 사람들이 많이 불편하겠군" 하더니 낑낑대며 수레를 이용해 바위를 길가로 치웠다.

그런데 돌덩이가 놓여 있던 자리에 웬 주머니와 함께 글이 적힌 종이가 있었다. 글을 몰랐던 농부는 지나가던 선비에게 부탁해 글을 읽게 했는데, 거기에는 "이 돈은 돌덩이를 치운 사람의 것이니라!"라고 쓰여 있었다. 주머니를 열어본 농부는 그 자리에 풀썩 주저앉고 말았다. 거기에는 똑바로 쳐다볼 수 없을 정도로 눈이 부신 금화 100냥이 들어 있었던 것이다.

왕은 얼마 떨어지지 않은 곳에서 그 광경을 흐뭇하게 지켜보았고, 신하들 또한 왕이 기뻐하는 모습을 보며 행복해했다.

이 이야기에는 리더십과 관련하여 특별한 교훈이 담겨 있다. 여기에서 왕과 농부는 어떤 역할을 했을까? 당신이 진정한 리더가 되고자 한다면 이 질문을 곰곰이 생각해볼 필요가 있다.

네트워크마케팅을 두고 흔히 '도움을 주는 사업'이라고 말한다. 그렇다면 무엇을 도와주는 것일까? 당신의 생각은 어떠한가? 과연 네트워크마케팅을 통해 당신은 예상고객 혹은 파트너에게 어떤 도움을 주고 있는가?

보여주세요. 당신의 땀방울

도서, 오디오, 전문 잡지 등을 통해 나름대로 자기계발을 하고 정보를 습득하는 네트워커는 채 5퍼센트밖에 안 된다. 네트워크마케팅을 하는 사람은 많지만 마치 로또복권에 당첨되기를 바라는 사람처럼 대가를 지불하지 않고 맛있는 열매를 얻기만 바라는 사람 또한 의외로 많다.

세상에는 공짜가 없다. 눈 먼 돈은 더더욱 없다. 많은 돈을 버는 사람은 분명 거기에 상응하는 대가를 지불했기에 그러한 결과를 얻은 것이다.

당신이 남에게 영향을 끼칠 정도의 마음자세를 갖추고 있다면, 파트너에게 당신의 능력을 보여주어라. 위의 이야기에 나오는 왕처럼 권력이나 돈을 갖고 있지 않을지라도 당신은 파트너들이 깨어날 수 있도록 언제든 무대와 기회를 만들어줄 수 있다.

당신의 그룹 내에는 금화 100냥을 주어도 아깝지 않을 만큼 충분한 역량을 갖춘 파트너가 많이 있을 것이다. 그러나 기회를 주지 않으면 그가 누구인지 전혀 파악할 수 없다. 당신은 왕이 되어야 한다. 당신이 찾아나서야 한다. 당신이 기회를 만들어야 한다. 당신의 파트너가 당신보다 학력이 높고 영어를 잘하고 컴퓨터를 잘하고 말을 잘할지라도 그들은 당신만 바라보고 있다.

그들은 당신이 네트워크마케팅의 신비로운 미래로 인도해주길 기대하며 기회를 만들어주길 간절히 바라고 있는 것이다. 무엇을 어떻게 해야 하느냐고 묻고 싶은가?

답은 간단하다. 네트워크마케팅은 정보전달 사업이므로 파트너들을 사업설명 전문가로 만들어야 한다.

당신의 파트너들이 사업설명 전문가가 되는 순간, 그들은 네트워크마케팅 전문가가 될 수 있다. 당신의 모든 파트너에게 당장 문구점으로 달려가 30쪽 분량의 클리어파일을 구입하라고 하라. 그것이 준비되면 당신이 예상고객에게 전달하고 싶은 회사, 제품, 보상플랜, 비전에 대한 자료를 정리해 나눠주고 그 파일에 끼워놓게 하라. 이왕이면 사회, 경제, 유통과 관련된 신문, 잡지 자료도 첨가하라.

파트너십의 비밀!

사업설명 훈련 과정에서 당신은 정말로 멋진 경험을 하게 된다. 예상했던 대로 어느 정도 사회생활을 잘해온 사람이 돋보이게 되지만, 모른 척해야 한다. 그들이 생각보다 잘한다고 너무 칭찬을 하면 함께 참여한 다른 파트너들이 주눅이 들어 자신감을 잃을 수 있기 때문이다.

잘하는 파트너를 인정하면서 몇몇 부분을 수정하라고 정중하게 요청하면 그들도 긍정적으로 받아들이고, 다른 파트너들은 당신에 대한 신뢰감과 미안함에 더욱 열심히 준비할 것이다.

네트워크마케팅의 생명은 '팀워크'이다. 팀워크를 잘 이루려면 공통분모가 확실해야 한다. 사업설명 파일은 네트워커에 따라 각자 다르면 안 된다. 최고리더에서부터 시작한 지 얼마 되지 않은 초보 네트워커에 이르기까지 똑같아야 하는 것이다. 그래야 복제가 쉽기 때문이다.

하지만 자료를 정리하는 과정에서 특정 리더의 생각에 따라 순서가 정해져서는 안 된다. 설령 그 리더가 강의를 잘하고 해박한 지식을 갖췄을지라도 전체 파트너의 생각을 들어가며 진행해야 한다. 필요하다면 납득할 수 있도록 이해를 시키면서 정리하는 것이 좋다.

초보 네트워커에게는 다음과 같이 진지하게 의견을 묻는 것도 좋다.

"당신이 고객이라면 어떻게 진행되길 원할 것 같습니까? 당신의 의견은 우리에게 정말 중요합니다. 왜냐하면 우리는 이미 네트워크마케팅에 많은 열정을 쏟아왔기 때문에 우리 입장만 고수할 수도 있기 때문입니다. 중요한 것은 강연의 초점이 고객의 생각에 맞춰져야 한다는 것입니다. 그래서 당신의 의견이 중요합니다."

그러면 리더인 당신과 어느 정도 거리감을 느끼던 초보 네트워커는 자신을 존중해주는 것이 고마워서 더욱 열심히 활동하게 된다. 그들이 발표할 때, 당신의 모든 파트너가 그의 이야기에 귀를 기울일 수 있도록 집중하게 하고 이야기가 끝나면 호의적인 반응을 보여라. 이런 방법으로 모든 파트너의 의견을 접목해 사업설명 파일을 완성하라. 분명 당신의 파트너는 달라질 것이다.

내가 이렇게 확신하는 이유는 30년이 넘도록 직접 그런 훈련을 해왔고, 늘 멋진 결과와 변화를 보아왔기 때문이다. 당신의 그룹에서 함께 만든 파일은 어떤 도구(Tool)보다 효과적으로 쓰일 수 있다. 또한 쉽게 만들 수 없는 파트너십까지 덤으로 얻을 수 있다.

잠재력을 느끼게 하라

사업설명 파일을 준비한 후에는 강력한 훈련에 들어가야 한다. 당신의 파트너가 20명 정도라면 처음에는 5명씩 한꺼번에 나가 1명씩 파일을 넘기며 설명하게 하라. 만약 처음부터 1명씩만 나가 설명을 하게 하면 잘하는 사람을 제외한 나머지 사람들은 실수에 대한 두려움과 부끄러움으로 무대에 오르길 꺼려할 것이다.

한꺼번에 5명 정도가 나가 연습하면 실수를 하더라도 서로 도움을 주고받으며 마무리를 할 수 있게 된다. 물론 처음부터 원하던 결과가 나오리라고 기대해선 안 된다. 그러나 그것이 몇 번 이어지면 당신은 사람의 잠재력이 얼마나 빠르게 나타나는지를 보면서 놀라운 변화를 경험하게 된다.

물론 파트너들도 하루하루 변해가는 자신을 보며 스스로 기뻐 어쩔 줄 몰라 한다. 나아가 그들이 가족과 가까운 사람으로부터 변화에 대해 칭찬과 격려를 들으면, 그들은 네트워크마케팅의 위대함에 감동할 것이다.

바로 이런 능력을 보여주라는 것이다. 어떤 특별한 실력이나 기능을 말하는 것이 아니다. 단지 당신이 스폰서 혹은 리더로서 그들이 네트워크마케팅에서 성공할 수 있는 방법을 깨닫도록 하고, 그것을 복제할 수 있는 기회를 만들어주라는 것이다. 이것은 분명 특별한 능력이 아니다.

당신은 네트워크마케팅을 통해 파트너들의 내부에 잠자고 있는 거인을 깨우는 위대한 리더가 될 수 있다.

2장

향기 있는 리더가 되자

파트너들에게 무엇을 남겨줄 것인가?

사회 초년병 시절 S.M.I의 창업자인 폴 J. 마이어는 혹독한 대가를 지불해야만 했다. 연속해서 57개 보험회사의 입사에 실패했고, 어렵게 입사한 첫 회사에서는 수줍음을 많이 타고 내성적이라는 이유로 3주 만에 해고되었다. 그 다음 회사에서도 9개월 동안 14명에게 판매 사업설명을 하면 겨우 한 건이 성사되는, 형편없는 판매실적으로 월평균 87달러의 소득밖에 올리지 못했다.

그가 트레일러 차량을 개조한 집을 월세로 빌려 살던 무렵이었다. 몇 시간에 걸친 50여 통의 전화 접촉에서 단 한 건의 인터뷰 약속도 잡지 못한 날, 그는 눈물을 흘리며 만약 세일즈 노하우를 마스터하면 후배 세일즈맨이 자신과 똑같은 고통을 겪지 않도록 배운 것을 낱낱이 전수하겠노라고 결심했다.

이후 그는 생명보험 판매기록을 차례로 갱신했고 20대 중반에 세일즈 매니저가 되어 수많은 세일즈맨을 성공으로 이끌었다. 이때 그는 성공하려면 뚜렷한 목표설정, 내면의 동기부여, 태도 변화가 필수적이라는 것을 발견했다.

이 엄청난 결과에 스스로도 놀란 폴 J. 마이어는 이후 다른 세일즈맨을 교육하고 훈련시키면서 자신이 발견한 원리를 더욱 확신하게 되었고, 백만 불짜리 성공계획을 세워 그 계획을 자신의 삶과 일에 적용해 스물일곱 살에 백만장자가 되었다.

폴 마이어식 성공법

　폴 J. 마이어가 수많은 실패를 거듭하며 후배들에게 전수하기로 다짐했던 것은 바로 '복제 시스템' 이었다. 그가 사회에 발을 내딛었을 때, 누구도 그에게 세일즈를 잘하는 법을 가르쳐주거나 도움을 준 사람이 없었기에 그는 이를 악물고 자신이 성공하면 반드시 그 방법을 후배들에게 알려주리라 결심했던 것이다.

　네트워크마케팅은 세일즈보다 '복제 시스템' 이 더욱 필요한 사업이다. 세일즈는 처음부터 아무나 받아들이지 않지만 네트워크마케팅은 학력이나 경력에 상관없이 누구나 참여할 수 있는 시스템이기 때문에 아마추어가 제대로 비즈니스를 할 수 있도록 '복제 시스템' 을 준비해 놓아야 한다.

　이미 일부 회사에서는 남들이 부러워할 만한 '시스템'을 갖춰놓고 초보자들을 단순히 네트워크마케팅에서 돈을 벌 수 있는 사람으로 만드는 것이 아니라, 그들의 라이프스타일과 태도 변화까지 이끌어내고 있다. 나아가 사업설명 전문가, 이벤트 전문가, 카운슬러 못지않은 다재다능한 사람으로 성장시키기도 한다.

　안타까운 것은 모든 네트워크마케팅 회사가 그런 것은 아니라는 점이다. 특히 탄생한 지 몇 년 안 된 회사나 보상플랜이 쉽게 펼쳐지는 회사에는 시스템은커녕 네트워크마케팅 철학이나 정통성조차 찾아보기 힘들다. 단지 초보자들이 돈 버는 것에 모든 것을 걸 수 있도록 감성을 자극하는 동기부여식 교육만 존재할 뿐이다. 단순 교육만으로 버티는 것은 모래성을 쌓는 것과 같다. 수십, 수백 개의 네트워크마케팅 회사가 채 1년도 버티지 못하고 휴업, 폐업을 하는 것은 그 때문이다. 탓에 제대로 비즈니스를 하고 있는 회사나 네트워커에게도 불똥이 튀어 주위로부터 좋지 않은 말을 듣는 것이다.

혹시 당신도 초보자 시절에 폴 J. 마이어처럼 서럽게 지내지는 않았는가? 만약 그렇다면 당신은 혼자만의 성공이 아닌 파트너의 성공을 위해 모든 것을 집중해야 한다. 그 파트너에게 남겨줄 '성공하는 방법'을 찾아 정리하고 전달해야 한다.

네트워크마케팅 초보자가 저지르는 가장 큰 실수는 빨리 파트너를 만들기 위해 정리도 되지 않은 주관적이며 감정적인 정보로 예상고객에게 접근하는 것이다. 이들은 마음속으로 자신의 승급과 높은 이득을 생각하며, 훈련되지 않은 스폰서 역시 그러한 것을 부추기는 역할을 한다.

당신이 진정 존경받는 네트워커가 되고자 한다면 '나를 믿고 따르는 파트너들에게 어떤 시스템을 남겨줄 것인가'를 심사숙고해야 한다. 부족하다면 채워라. 없다면 찾아 나서라. 당신이 게으르면 게으를수록 당신의 조직은 점점 썩고 만다.

귀를 기울이고 발로 뛰며 진심으로 말하라

'복제 시스템'을 구축하는 효과적인 방법은 몇 가지로 정리할 수 있다.

첫째, 네트워크마케팅에서 이미 성공한 백만장자 그룹의 성공 시스템을 학습한다. 물론 회사나 그룹에 따라 정서적인 차이가 있겠지만 기본적인 개념은 다르지 않다. 쉽게 말해 벤치마킹을 하라는 것이다. 그렇다고 무조건 그 시스템을 익히고 따르는 것이 아니라 당신이나 그룹에 적합한 부분만 적용해야 한다.

더불어 성공과 관련된 각종 세미나에 열심히 참가해 좋은 정보를 습득한다. 30년 전, 아니 20년 전만 해도 나는 세계적인 동기부여가(Motivator)의 강연이나 세미나에 참가하기 위해 최소한 8백만 원에서 1천만 원 정도를 준비해 2박 3일 또는 3박 4일간 미국, 일본, 호주, 대만 등으로 찾아다녀야 했다. 더욱이 영어나 중국어, 일본어 등의 외국어를 제대로 알아듣지 못해 어렵게 녹음한 다음 다시 많은 비용을 들여 번역하고 정리해야 했다.

하지만 요즘에는 어떠한가? 고맙게도 세계적인 석학, 전문가, CEO 등이 우리나라를 방문해 강연, 포럼, 세미나를 열고 있다. 또한 네트워크마케팅 분야에서도 필드의 살아있는 전설인 백만장자들이 초대에 응해 세미나를 펼치고 있다.

혹시 당신이 그런 세미나에 참여해보았다면 참가비를 알 수 있을 것이다. 내가 투자했던 비용의 30~10퍼센트의 참가비만 들 뿐이다. 심지어 체육관이나 컨벤션 센터처럼 수천 명이 모이는 곳에서 열리는 강연은 참가비가 그 1/10 정도로 저렴해진다.

여기에 통역 서비스까지 받을 수 있다.

둘째, 예상고객 또는 예상 파트너가 있는 곳이면 어디든 찾아다닌다. 요즘에는 선배들이 네트워커에게 너무 쉬운 방법만 알려주려는 경향이 있는 것 같다. 그러다 보니 어느 정도 비즈니스를 진행하다 어려움에 봉착하면 쉽게 포기하고 만다. 그리고는 서로를 원망한다. 스폰서는 초보자에게 "자세가 안 되었다"느니 "네트워크마케팅 마인드가 없다"느니 하고, 초보자는 "쉽지도 않은데 왜 미리 알려주지 않았느냐"고 하면서 불평하는 것이다.

세상에 큰돈을 벌고 명예를 얻는 데 쉬운 일이 어디 있는가? 네트워크마케팅은 쉽게 시작할 수 있는 비즈니스이지만, 성공하려면 분명 치러야 할 대가가 있다. 최소 6개월 이상 사업을 해본 네트워커라면 이 사실을 피부로 느낄 것이다. 그런데도 여전히 많은 네트워커가 쉽게 파트너를 만들기 위해 네트워크마케팅 비즈니스가 쉽다고 말한다.

파트너로 남든 그렇지 않든 당신은 많은 사람을 만나야 한다. 그들에게 사업 기회를 주고 제품의 효과도 알려주다 보면 점점 세상 사람들의 다양한 삶에 눈을 떠 열정적이고 긍정적인 사람을 구별하는 지혜를 얻게 된다. 즉, 네트워크마케팅 비즈니스를 제대로 하기 위한 인맥 구축과 조직관리 노하우는 필드에서의 만남을 통해 얻을 수 있는 것이다. 이렇게 익힌 노하우는 반드시 정해진 미팅이나 세미나 시간을 통해 정리된 자료와 함께 활용해야 한다. 당신의 경험을 예로 들며 내용을 전개하면 파트너는 진심으로 당신처럼 멋진 네트워커가 되리라 다짐할 것이다.

'공통분모'를 만들어라

추운 겨울밤, 산길을 운전하던 어떤 사람이 거의 동사 직전에 이른 모자(母子)를 발견했다. 입고 있던 옷을 모두 아들에게 입힌 어머니는 얼어 죽기 직전이었다. 그 어머니를 그대로 차에 태우면 살아나기 힘들 것 같다고 판단한 운전자는 꾀를 내 아들만 안아서 차에 태우고 천천히 차를 몰기 시작했다.

정신이 가물가물하던 어머니는 비몽사몽 중에도 아들이 유괴되는 줄 알고 사력을 다해 차를 따라 뛰었다. 운전자는 잠시 멈추는 듯하다가 다시 차를 몰고 가는 일을 계속했고, 그 어머니는 차를 따라 뛰느라 온몸에 땀이 흘러 얼었던 몸이 풀리는 바람에 결국 두 사람 모두 살아날 수 있었다.

지혜로운 리더가 되어라

이 이야기에서 가장 중요한 역할을 한 사람이 누구라고 생각하는가? 바로 운전자이다. 어머니의 자식에 대한 사랑을 본 운전자는 그 헌신적인 사랑을 이용해 두 목숨을 건진 것이다.

네트워크마케팅의 리더 역시 그 지혜로운 운전자처럼 리더십을 계발해야 한다. 스폰서(업 라인)라는 이유만으로 비즈니스 파트너를 마치 아랫사람 다루듯 한다면 그 그룹은 오래가지 못할 것이다.

네트워크마케팅은 스폰서와 비즈니스 파트너간의 믿음 혹은 신뢰를 토대로 한 팀워크 비즈니스이다. 믿음과 신뢰는 리더 역할을 하는 스폰서로부터 만들어지고, 그런 스폰서링을 받은 비즈니스 파트너는 상대적으로 반응하게 되어 있다.

현재 네트워크마케팅 비즈니스에서 억대 이상 연봉을 보장받고 있는 최고리더의 수당 체계를 분석해보면, 수입의 95~99퍼센트가 효과적인 조직관리에 대한 보상임을 알 수 있다. 다시 말해 '나' 한 사람이 평생 해야 하는 판매 혹은 리크루팅을 비즈니스 파트너 조직 전체가 얼마나 짧은 시간 동안 '나' 대신 할 수 있도록 효과적으로 이끄느냐에 따라 수익이 좌우되는 것이다.

네트워크마케팅에서 진정한 최고리더가 되고 싶다면, 파트너들이 즐겁고 재미있게 비즈니스를 펼칠 수 있도록 지혜를 갖춘 운전자(길잡이)가 되는 방법을 찾아라. 그러면 당신은 멋진 리더가 될 수 있을 것이다.

"영웅은 난세에 난다"는 말처럼 진정한 리더는 안정적인 그룹, 문제없는 그룹이 아니라 어렵고 고통스러운 문제에 직면해 있을 때 나타난다. 2002년 월드컵을 통해 우리에게 희망을 안겨준 히딩크 감독이 그 대표적인 사례이다. '그런 리더는 타고나는 거겠지' 하고 슬며시 고개를 돌리지 말라. 바로 당신이 진정한 리더십을 발휘해야 할 존재이다.

리더십과 관련된 요소는 많지만, 히딩크 감독이 특별히 힘을 쏟은 요소는 팀워크이다. 다그침보다 격려로, 명령보다 칭찬으로, 강한 카리스마보다 재미와 미소로 팀을 이끌었던 것이다.

네트워크마케팅의 성공 역시 팀워크에 달려 있다. 따라서 절대적으로 필요한 것이 명령과 지시가 아닌 격려와 칭찬이다. 당신이 진정으로 멋진 리더가 되고자 한다면 격려와 칭찬의 달인이 되어야 한다.

시대가 하드웨어가 아닌 소프트웨어로, 지능과 실력 중심이 아닌 지성과 감성 중심으로 변했다. 오늘날 네트워크마케팅이 요구하는 리더는 사랑과 행복이 넘치는 '지혜로운 리더'인 것이다.

팀워크를 위한 공통분모를 만들어라

오랜 전쟁으로 수많은 병사를 잃었지만 결국 큰 승리를 거둔 왕이 왕국으로 돌아와 승리를 자축하기 위해 축제를 열기로 했다. 왕은 백성들에게 이렇게 말했다.

"사흘 후에 큰 잔치를 열 것이다. 맛있는 음식은 내가 제공할 것이니 백성들은 마실 포도주를 각자 조그만 병에 준비하라. 왕궁 앞에 큰 항아리를 몇 개 준비할 테니 각자 가져온 포도주를 모두 쏟아 부어라. 그리고 마음껏 떠서 마셔라."

사흘 후, 백성들은 아침부터 모두 병을 들고 와 왕궁 앞에 준비해 놓은 큰 항아리에 쏟아 부었다. 오후부터 시작된 축제는 왕국이 세워진 이래 가장 화려하고 웅장한 분위기였다. 드디어 왕이

축배의 잔을 드는 중요한 순간이 되었다.

그런데 항아리에 담긴 포도주를 떠 마시는 순간 왕의 얼굴이 일그러지기 시작했다. 다시 한번 포도주를 떠서 입 속에 털어 넣으며 무언가를 확인한 왕은 노여움이 가득한 얼굴로 축제를 취소해버렸다. 당황한 신하들이 항아리에 뭔가 문제가 있음을 깨닫고 떠 마시는 순간, 그들은 깜짝 놀라고 말았다. 항아리에는 포도주가 아닌 물만 잔뜩 들어 있었던 것이다. 그것은 사람들 모두 '나 하나쯤은 물을 넣어도 괜찮을 거야' 하는 생각으로 포도주 대신 물을 가져왔기 때문이었다.

네트워크마케팅은 일반적인 세일즈와는 다르다. 일반적인 세일즈 분야에는 10년이 넘는 베테랑 세일즈맨이 엄청나게 많지만 억대 연봉을 받는 사람은 많지 않다. 왜냐하면 세일즈맨은 개인기가 뛰어나야 하기 때문이다. 남들보다 특별한 능력이나 노하우, 인맥이 있어야 하는 것이다. 그것도 오래도록 지속될 수 있는 개인기라야 한다.

만약 당신이 네트워크마케팅을 일반적인 세일즈처럼 단순한 판매 시스템 정도로만 생각한다면 이 사업에서 결코 성공할 수 없다. 세일즈 시스템에서는 '나 하나만 잘하면 된다'는 생각으로 열심히 하면 분명 좋은 결과가 나온다. 더 좋은 결과를 위해 '나'의 실력, 기술, 지식, 경험 등을 계속 쌓아 가면 원하는 성과를 얻을 수 있는 것이다.

하지만 네트워크마케팅 시스템은 다르다. '나 하나만 잘하면 된다'는 생각으로 비즈니스를 펼친다면 많은 어려움을 겪게 될 것이고, 오히려 주위로부터 좋지 않은 반응을 얻게 될 뿐이다.

네트워크마케팅은 경험, 지식, 살아온 환경, 성격, 직업의식, 철학, 종교가 다른 많은 아마추어와 전문가의 모임을 통해 시작되고 진행되는 비즈니스이므로 먼저 '공통분모'를 만들어야 한다. 네트워크마케팅은 '나'가 아닌 '우리'를 가장 잘 표현하는 시스템이다. 개인적인 능력, 지식, 경험만으로 열심히 하는 비즈니스가 아니라 '우리'의 염원을 담아 모두가 성공적인 삶을 살 수 있도록 하는 위대한 시스템인 것이다.

당신이 진정 스스로의 삶을 사랑하고 행복한 미래가 열리길 바란다면 내 성공, 내 행복이 아닌 우리의 성공, 우리의 행복을 위해 노력해야 한다. 특히 힘들고 어려울 때 '나 하나쯤이야'라는 소극적인 생각으로 스스로를 방치한다면 감당하기 곤란한 일이 벌어질 것이다.

개인기만 가지고 고민을 해결하려 하면 해결책을 찾기도 어렵고 '공통분모'를 만들기도 힘들다. 그러나 아무리 어렵고 힘든 고민도 스폰서나 업 라인과 상의하면 대부분 풀 수 있다. 그들은 자신만의 경험과 지식이 아니라 비즈니스를 통해 수많은 사람의 다양한 경험을 접해왔고 해결해온 터라 그런 고민을 쉽게 풀어갈 수 있는 것이다.

당신의 파트너와 어깨동무를 하라. 21세기의 주인공은 강력한 네트워크형 인간이다.

성공자의 과거는 아픔이 있기 마련이다

파스칼은 ≪팡세≫에서 이렇게 말하고 있다.

"큰 인물이든 작은 인물이든 동일한 일을 만나고 동일한 불만을 느끼며 동일한 정념(情念)을 품는다. 그러나 후자는 수레바퀴의 가장자리에 있는 데 반해 전자는 중심부 가까운 곳에 있으므로 동일한 바퀴의 움직임에도 동요가 적다."

당신은 자신을 큰 인물이라고 생각하는가? 아니면 작은 인물이라고 생각하는가? 네트워크마케팅에서의 성공은 복잡하고 어렵고 먼 곳에 있는 것이 아니다. 상식적인 생각과 상황, 그리고 늘 가까이에 존재하고 있다. 파스칼의 논리로 보면 축바퀴가 돌아가는 데 필요한 힘은 반지름에 반비례하므로 중심부 가까이에 있는 사람은 가장자리에 있는 사람보다 훨씬 큰 고통과 인내를 감당하고 있음을 알 수 있다. 다시 말해 바퀴의 중심부는 동요가 적지만 가장자리 쪽보다 더 큰 힘이 작용하고 있는 것이다.

큰 인물과 작은 인물의 차이

크게 성공한 리더일수록 외부환경에 그리 민감하지 않다. 초보자일수록 조그마한 일에도 마치 인생이 끝난 것처럼 혹은 사업이 망한 것처럼 호들갑을 떤다. 하지만 성공한 리더는 성공하기까지 산전, 수전, 공중전까지 다 겪어봤기 때문에 큰 일이 벌어질수록 의연하게 대처한다.

사실, 네트워크마케팅은 불황기에 크게 성공할 수 있는 시스템을 갖추고 있다. 그런데도 마치 주차장으로 변해 버린 도로처럼 네트워크마케팅이 요즘 같은 불황기에도 더딘 움직임을 보이는 이유는 무엇일까? 그것은 네트워크마케팅 리더들의 마인드가 변했기 때문이다. 최근 몇 년 사이에 어느 정도의 위치에 오른 리더들은 초기의 리더들이 가졌던 철학, 원리, 리더십, 사명감에 비교가 안 될 정도로 마인드가 약하다. 여기에는 각 회사의 보상플랜도 한몫을 하고 있다.

초기에는 웬만한 노력과 조직관리, 학습이 없으면 성공하기가 어려웠다. 이에 따라 네트워커는 수많은 사람을 만나고 많은 세미나에 참석하면서 철학, 지식, 경험을 쌓아가며 단단한 사업을 구축할 수 있었다.

하지만 네트워크마케팅 붐이 일어나기 시작한 90년대 후반부터 후발업체들은 경쟁력 강화를 위해 쉬운 보상플랜을 선택했고, 이로 인해 사업에 뛰어드는 사람이 늘어났다. 더욱이 조직관리도 어렵게 할 필요가 없는 시스템이다 보니 뛰는 것보다 앉아서 사람을 기다리는 것에 더 많은 시간을 투자하게 되어 자신도 모르는 사이에 오합지졸의 그룹을 만들어가게 된 것이다.

네트워크마케팅의 생명은 '팀워크'에 있는데 조직화와 거리가 먼 그룹이 많아지면서 네트워크마케팅 업계 전체가 허황된 꿈을 꾸는 아마추어로 가득 차게 된 꼴이다.

쉽게 성공하려는 생각은 고통을 이기지 않고 피해가려는 혹은 쉬운 길을 찾아가려는 의식을 만들어 결국 네트워크마케팅 사업을 더욱 어렵게 만들어버린다. 이것은 시간이 지난다고 해결될 문제가 아니다. 네트워커 스스로 변화해 어려움을 감수해야 한다.

네트워크마케팅에서의 성공은 새로운 조직의 활성화로 가능해지며, 초보자가 신나게 활동할 수 있는 길은 당신 같은 리더가 모범을 보여주는 것밖에 없다. '몇 명만 추천하고 그들을 잘 관리하면 성공하겠지' 하는 안이한 생각에서 벗어나 아직도 꿈을 이루지 못해 안타까워하는 모든 사람에게 다가가 기회를 주는 꿈의 전도사가 되어야 한다.

어차피 변해야 한다면 변화를 즐겨라. 고통을 감수해야 한다면 고통을 즐겨라. 당신이 큰 인물이 되고 싶다면 "젊어서 고생은 사서도 한다"는 조상들의 교훈을 마음속에 되새겨라.

네트워크마케팅에서 크게 성공한 사람일수록 기막힌 성공 스토리를 갖고 있다. 그들의 이야기를 듣고 있으면 자신도 모르게 눈물이 흐르고 두 주먹이 불끈 쥐어진다. 가슴에 뜨거운 열정이 솟구치기 때문이다. 물론 그들의 현재 모습은 고통을 이겨내기 위해 일그러지고 찌든 것이 아니라 세상을 모두 가진 것처럼 멋지고 아름다운 모습이다. 많은 고통을 겪은 사람이 오히려 편안한 미소를 지을 수 있는 것이다.

당신은 파트너에게 필요한 리더인가?

1960년대, 슈바이처 박사가 노벨 평화상을 받기 위해 아프리카를 떠나 유럽으로 향했다. 그는 파리까지 비행기로 와서 다시 덴마크를 향해 기차를 타고 가는 중이었다. 슈바이처 박사가 기차를 타고 간다는 소식이 알려지자 각 역마다 많은 기자가 취재를 위해 같은 기차를 탔다. 기차 안에서 박사를 만나면 여러 가지 대담을 나눌 수 있을 거라는 기대감에서였다.

기자들은 슈바이처 박사가 당연히 특등실에 있을 거라 예상해 그곳으로 가보았지만, 박사는 보이지 않았다. 1등실, 2등실을 찾아보아도 그는 없었다. 마지막으로 그들은 3등실의 가난한 시골 사람들 사이에서 슈바이처 박사를 찾을 수 있었다. 슈바이처 박사는 가난한 승객들을 진찰해주고 있었던 것이다. 기자들은 박사에게 다가가 "박사님, 노벨 평화상을 받으러 가시는 중인데 왜 이렇게 누추한 3등실에서 고생하고 계십니까?" 하고 물었다.

그러자 슈바이처 박사는 태연하게 대답했다.

"나는 내가 즐길 곳을 찾아서 살아온 것이 아니라 나를 필요로 하는 곳을 찾아다니며 살아왔소. 지금도 나는 그렇게 사는 것뿐이오."

슈바이처 박사는 노벨상이 아니라 그보다 더 큰 상을 받아도 전혀 부족함이 없다는 생각이 들지 않는가?

많은 네트워커가 네트워크마케팅의 매력 중 하루도 빼놓지 않고 이야기하는 것이 있다. 그것은 "남의 성공을 위해 도와주면 나도 성공할 수 있는 멋진 사업이 바로 네트워크마케팅이다"라는 것이다. 그렇다면 이 말처럼 정직하게 비즈니스를 하는 네트워커는 얼마나 될까? 또한 그 '도와준다'는 말의 의미를 제대로 알고 비즈니스를 하는 네트워커는 얼마나 될까? 가끔 나를 찾아오는 불쌍한(?) 리더들이 하는 넋두리 중 많은 부분이 "제가 그들을 위해 얼마나 많은 도움을 주었는데…"라는 것이다.

대체 무엇을 도와주었다는 말인가? 네트워크마케팅의 기본원리를 이해하고 있는 게 맞는가? 성공원리에는 'DIDO GIGO'라는 것이 있다. 이것은 'Diamond In Diamond Out, Garbage In Garbage Out'라는 뜻이다. 다이아몬드를 입력하면 다이아몬드가 나오고 쓰레기를 입력하면 쓰레기가 나온다는 의미다.

그들에게 고기 잡는 법을 가르쳐주지 않고 고기만 가져다준 자신의 잘못은 모르고 원망만 하는 것은 아닌지 스스로를 돌아볼 때다. 진정으로 돕고 싶다면 그들이 진정한 네트워커가 될 수 있는 방법을 알려주어야 한다. 제품의 효과와 사업기회를 전달하고 리더십을 익히게 하며 자아계발을 하도록 해 21세기에 어울리는 리더의 모습을 꿈꾸게 하는 것이다.

꿈을 꾸는 네트워커!
행동하는 네트워커!
솔선수범하는 네트워커!

시스템의 원본이 되어라

손등은 구두약으로 까맣게 칠해졌지만 소년의 눈에는 희망이 반짝였다. 남에게 진 빚 때문에 아버지가 투옥되자 소년은 구두를 닦으며 어려움을 이겨냈고, 밤하늘에 빛나는 별을 보며 탄식 대신 노래를 부르곤 했다. 길모퉁이에서 밤늦게까지 구두를 닦으며 노래를 부르는 소년을 본 사람들이 "구두 닦는 일이 좋으니?"라고 물으면 소년은 "그럼요, 저는 희망을 닦고 있는 걸요" 하고 대답했다.

그렇게 희망을 닦던 소년은 훗날 영국을 대표하는 세계적인 작가가 되었다. 그가 바로 ≪올리버 트위스트≫를 쓴 찰스 디킨즈이다.

시대의 강력한 요청은 바로 '시스템'

오늘날 대한민국의 네트워크마케팅 시장을 보면 내노라하는 세계적인 다국적기업이 속속 진출해 있다. 또한 국내 토종기업의 성장과 발전도 눈부신 결과를 낳았으며 더불어 네트워크마케팅의 노하우, 교육 시스템 등이 상당한 성장을 이루었다.

하지만 아직도 일부 네트워크마케팅 회사는 제대로 된 시스템을 구축하지 않은 채 '돈 벌기'에만 급급해 많은 피해자를 만들어내고 있다. 물론 법 개정이나 공제조합의 역할 덕분에 그런 회사는 이 땅에 발붙이기 쉽지 않을 테지만, 법을 피해 교묘한 수법으로 음성적인 사업을 펼치는 회사는 근절되지 않고 있다.

지금 중요한 것은 네트워크마케팅에 대한 올바른 이해와 시스템 구축이다. 하드웨어가 업그레이드되었다면 거기에 맞춰 소프트웨어도 업그레이드되는 것은 당연하다. 그동안 네트워크마케팅의 하드웨어에 속하는 업계는 지속적으로 발전해왔다. 이제는 소프트웨어에 해당하는 네트워커의 변화가 필요하다. 예를 들어 정이나 의리처럼 부담을 주는 무기로 파트너를 만드는 방법보다는 정확한 사업설명, 확실한 제품 효과 전달 등으로 진정한 네트워킹을 할 수 있어야 하는 것이다.

또한 시중에 쏟아지고 있는 관련 서적, 잡지, 신문, 오디오, CD 등 객관적인 자료나 툴은 그동안 구전을 통해 어렵게 진행되던 네트워크마케팅 비즈니스에서 벗어나 보다 수월한 비즈니스를 할 수 있도록 큰 도움을 주고 있다.

전문 네트워커가 되어라

철학, 윤리, 성공 전략 시스템이 갖춰지지 않은 회사는 네트워크마케팅을 할 수 없는 것처럼 네트워커 역시 정직한 사업을 할 준비가 되어 있지 않으면 섣불리 시작하지 않는 것이 좋다. 오히려 제품의 효과를 통한 소비자, 회원으로 시작해 꾸준히 회원들을 확보해나가며 네트워크마케팅을 이해하는 것이 현명한 방법이다.

그리고 일단 전업 네트워커가 되었다면 시대의 흐름에 맞는 '전문 네트워커'가 되어야 한다. 연매출 5조 원대의 네트워크마케팅 산업에서 전업 네트워커는 업계의 모델이자, 800만 명에 이르는 사업자의 대변인이기도 하기 때문이다. 이제 네트워커는 대한민국에서 또 하나의 전문직 분야를 만들어가고 있는 것이다.

실제로 네트워커는 소위 전문가라 일컫는 의사, 변호사, 회계사, 변리사 못지않은 역할을 하며 전문가로 거듭나고 있다. 이미 여러 유통 전문지에서 성공한 네트워커의 성공 스토리나 성공 노하우를 소개하고 있다. 남들에게 아니 가까운 사람들에게조차 손가락질 당하며 음지에서 조용히 사업을 키워온 네트워커가 당당히 거대한 유통업계의 성공자로서 자신의 노하우를 전수하고 있는 것이다.

네트워크마케팅은 단순한 돈벌이 수단이 아니라 평생사업, 라이프스타일 변화 도구, 자아계발과 리더십 계발 수단, 그리고 사회문화 개선대사로서의 역할까지 하는 만능 시스템이다. 한마디로 종합예술인 것이다. 그렇다면 당신은 그 명성에 어울리는 역할을 하고 있는가?

21세기는 '전문가 시대'이고, 네트워크마케팅은 누구든 전문가가 될 수 있는 멋진 시스템을 제공한다. 그렇다고 아무나 네트워크마케팅 전문가가 될 수 있는 것은 아니다. 성공한 네트워커의 노하우를 익혀 실천해야만 한다. 즉, 이론과 실전을 두루 겸비해야 하는 것이다.

시스템의 원본을 만들어라

어느 건실한 중소기업에서 중요한 역할을 하고 있던 부장이 같은 부서에서 일할 사람을 구하기 위해 여기저기 수소문을 하고 다녔다. 얼마 후, 이상적인 자격을 갖춘 젊은이를 찾아낸 그는 서너 차례 전화를 했다. 그런데 알고 보니 그 젊은이는 규모가 더 크고 유명한 다른 회사로부터도 스카우트 제의를 받고 있었다. 며칠 후 그 젊은이로부터 부장의 제의를 받아들이겠다는 연락이 왔다. 연락을 받은 부장은 좋아서 어쩔 줄 모르면서도 의아한 생각이 들었다. 그 젊은이가 출근하자 부장은 더 좋은 회사를 마다하고 이 회사를 선택한 이유가 무엇이냐고 물었다. 잠시 망설이던 젊은이는 이렇게 말했다.

"다른 회사의 인사 담당자들은 냉정하고 사무적인 말투로 전화를 걸어와 제가 마치 그들과 사업상의 거래를 하는 듯한 느낌이 들었습니다. 그런데 부장님은 저와 통화하게 되어 무척 반가운 듯한 음성이었고 제가 이 회사의 일원이 되어 주기를 진실로 원하는 것 같았습니다. 인생이 걸린 일에 제 능력을 꼭 필요로 하는 곳에서 일하고 싶어 선택하게 되었습니다."

부장의 음성에 담긴 따뜻한 인간미에 이끌려 그 유능한 청년이 보다 좋은 조건을 마다하고 그 부장이 일하는 회사로 찾아왔던 것이다.

네트워크마케팅은 '복제사업'이다. 복제를 잘하기 위해서는 원본이 깨끗하고 단순해야 한다. 그 원본은 바로 당신이다. 원본이 깨끗하고 단순하려면 당신 자신이 진정한 리더의 마인드를 가져야 하고 행동을 올바르게 해야 한다. 진정한 리더의 성공적인 마인드는 많은 노력과 행동을 반복해야 생기는데, 그중 중요한 몇 가지를 살펴보면 다음과 같다.

첫째, 이미 성공한 백만장자가 정리해 놓은 성공 관련 서적이나 CD, 동영상 등을 통해 그들의 철학, 이미지, 성공 습관 등을 익히고 그들처럼 되려고 노력해야 한다. 그들은 그들보다 먼저 성공한 수많은 사람의 성공 노하우를 연구, 분석, 실천하며 시행착오를 거친 후 제대로 된 성공 시스템을 만들어 우리에게 전해 주고 있다.

둘째, 성공자의 강연이나 세미나, 특별한 트레이닝이 있다면 제일 먼저 찾아가 그 공간과 시간에 푹 빠져 그 순간을 즐겨야 한다. 책, CD, 동영상 등에서 느낄 수 없는 생생한 체험과 감동이 오랫동안 당신의 세포에 각인되어 힘들고 지칠 때마다 격려와 용기로 되살아날 것이다.

셋째, 아침에 집을 나오기 전에 거울 앞에서 백만 불짜리 미소를 지어보고 하루 종일 그 미소를 지니고 다니도록 노력한다. 성공요소에서 미소만큼 쉽고 강력한 도구는 찾아보기 어렵다.

넷째, 부드럽고 정감 있는 목소리가 24시간 나올 수 있도록 마이크(?) 테스트를 수시로 한다.

다섯째, 누가 보더라도 성공한 사람이라고 느낄 정도로 당당하고 품위 있는 모습과 분위기가 연출되도록 노력한다.

이러한 요소를 갖춘 원본이 준비된다면 복제는 쉬워진다. 이미 만들어진 시스템에 원본을 올려놓기만 하면 되기 때문이다. 분명 만나는 사람마다 품위 있고 세련된 당신에게 관심을 보일 것이고, 당신의 비즈니스에 흥미를 느낄 것이다. 설사 그 자리에서 즉각적인 반응을 보이지 않더라도 당신과의 만남을 생각하게 될 것이고 시간이 흐른 뒤 분명 연락을 해올 것이다.

네트워크마케팅은 따뜻한 사랑과 훌륭한 리더십을 필요로 하는 사업이다. 당신이 진정으로 네트워크마케팅에서 성공하기를 바란다면 '원본'인 당신을 빛이 나게 닦아야 한다.

명예를 걸어라

어느 시골에 한 가난한 소년이 있었다. 그는 학교에 갈 만큼 형편이 넉넉하지도 못했고 공장에 들어가 일할 만한 기술도 없었다. 그러던 중 그는 사진술을 배워 사진기사가 되면 도시로 나가 돈을 벌 수 있을 거라는 생각에 사진기사가 되기로 결심했다.

우선 사진술에 관한 지식을 알아야 했기에 그는 갖고 있던 돈을 탈탈 털어 도시의 큰 서점에 사진술 관련 서적을 주문했다. 그런데 주문을 받은 서점은 실수로 그에게 사진술에 관한 책이 아니라 '발성법'에 관한 책을 보내주었다. 소년에게는 그것을 되돌려 보낼 운송료도 없었고 반송하는 법도 몰랐다.

오랫동안 실망에 잠겨 있던 소년은 '이왕에 받은 책인데 열심히 공부라도 해야겠다. 더 좋은 일이 일어날 수도 있겠지'라는 생각으로 발성법에 관한 책을 보기 시작했다. 결국 그는 훗날 세계적인 성악가가 되어 만인의 존경을 받게 되었다. 그는 바로 '찰리 맥카시'이다.

실패 상황에서도 성공의 기회를 만들어라

네트워크마케팅 비즈니스처럼 외부적인 환경에 민감한 사업

형태는 매우 드물다. 요즘은 많이 나아졌지만 10년 전만 해도 매스컴에서 불법적인 형태로 진행한 다단계 회사나 조직에 대한 기사를 다루면 네트워크마케팅 업계 전체에 엄청난 타격을 주기 일쑤였다.

네트워크마케팅에 참여하는 회원 대부분이 초보자, 즉 경제의 흐름이나 유통을 잘 모르는 평범한 사람인 데다 그들이 알고 있는 사회 상식 대부분은 매스컴을 통해 학습된 것이므로 매스컴에 민감한 반응을 보이는 것은 당연한 일이었다. 더욱이 그때는 네트워크마케팅 업계를 이끌어가는 '네트워크마케팅협회'나 '공제조합' 같은 것이 없었기 때문에 소비자 피해사례가 소비자 단체나 지자체의 소비자보호 기관에 많이 접수되면 경찰, 검찰 또는 신문, 방송사에서는 당연히 그 내용을 다룰 수밖에 없었다.

결국 건전하게 네트워크마케팅을 펼치는 회사는 억울하지만 그대로 앉아서 당할 수밖에 없었고, 그러한 내용을 접한 아마추어 네트워커는 혼란을 겪기도 하고 심지어 네트워크마케팅 비즈니스를 포기하기도 했다. 이러한 현상은 2, 3년의 간격을 두고 주기적으로 나타났다.

흥미로운 사실은 어려운 상황에서 많은 네트워커가 성공의 꿈을 접고 떠나는 와중에도 스타 탄생이 이루어졌다는 것이다. 한국의 네트워크마케팅 역사를 보면 현재 각 회사의 대표적인 최고리더 대부분이 그런 '스타 탄생'의 주인공이다. 이러한 현상을 대체 무엇으로 정의할 수 있을까?

한편으로 보면 이것은 당연한 결과이다. 많은 사람이 성공을 바라지만 실질적으로 성공할 수 있는 요소나 자격을 갖춘 사람은 그리 많지 않다. 아무리 성공 관련 서적을 많이 읽고, 성공 세미나에 참여해 성공원리를 터득했을지라도 그것을 자신의 생활에 적용하는 사람은 극히 드물다.

마찬가지로 수많은 네트워커가 열심히 활동하고 있지만 그것이 과연 무엇을 위한 것인지, 누구를 위한 것인지, 왜 하는 것인지에 대해 뚜렷한 생각이 없으면 매스컴의 부정적인 내용에 쉽게 포기하고 만다. 그 여파로 많은 사람이 떠나간 교육장이나 행사장 분위기는 잠시 술렁이겠지만 곧 위기에 강한 리더십을 갖춘 몇몇 리더의 헌신적인 노력과 솔선수범, 사명감으로 오히려 반전이 된다.

그들은 남아 있는 네트워커들에게 온갖 성공원리를 일깨워주며 진정한 성공자가 되기를 촉구한다. 그러면 얼마 지나지 않아 그들이 똘똘 뭉치는 현상이 일어나고 결국 강력한 팀워크로 네트워크마케팅의 성공신화가 이루어진다. 그들은 지금보다 더 부정적인 시각이 많던 시절, 지금보다 성공을 위한 도구나 시스템이 부족했던 시절, 지금보다 성공자의 모델이 많지 않던 시절에 오히려 부족하고 어려운 요소를 최대한 활용해 성공신화를 만들었던 것이다.

만약 당신이 네트워크마케팅의 진정한 최고리더가 되길 바란다면, 이러한 성공원리를 진지하게 받아들이고 비즈니스에 적용하길 바란다.

하늘은 스스로 돕는 자를 돕는다

30년이 넘게 네트워크마케팅 현장을 누빈 나는 흥미로운 일을 많이 보아왔다. 덕분에 나는 그 누구보다 네트워크마케팅을 사랑하게 되었고 그 매력에 완전히 빠져들고 말았다. 특히 접하면 접할수록 더욱 강력하게 내 마음을 끌어당기는 것은 네트워크마케팅의 정직함과 평등이다.

아무리 네트워크마케팅이 누구나 할 수 있는 쉽고 단순한 비즈니스라고는 하지만 분명 아무나 성공하는 것이 아니라는 것, 설령 최고 직급자가 되어도 훌륭한 리더십과 조직에 대한 사랑·봉사정신·체계적인 교육시스템이 준비되지 않으면 그 직급을 오래 유지하지 못한다는 것이 내 마음을 설레게 한다.

최고 직급자로 있을 때 초보 네트워커들에게 얼마나 멋진 성공원리로 그들에게 꿈을 주었는가? 얼마나 감동적인 스토리로 그들을 잠 못 이루게 하였는가? 얼마나 가슴 시린 이야기로 그들의 가슴에 열정을 불러일으켰는가? 얼마나 멋진 모습으로 그들에게 꿈과 비전을 심어주었는가? 그런 꿈, 감동, 열정, 비전 때문에 그들은 지금도 그것을 믿고 열심히 뛰고 있는데, 과연 그들에게 영향을 준 리더들은 무엇을 하고 있는가?

매일 "진정한 네트워커는 어떤 사람인가?", "진정한 리더는 누구인가?"라는 질문을 자신에게 해보라. 가장 힘든 시기에 스스로에게 물어보라. 도저히 빠져나갈 구멍이 없을 때 자신에게 질문해보라. 아무리 어려운 상황에서도 '스타 탄생'은 계속되고 있다. 그들은 어렵다고 앉아만 있는 사람이 아니다. 환경이 좋아지기만 바라고 있는 사람이 아니다. 누군가가 도와주기만 기다리고 있는 사람이 아니다. 모두가 알고 있는 상식적인 성공원리를 실천하고 있는 사람이다.

향기 있는 리더가 되어라

뉴욕이 번창하자 맨해튼섬과 브루클린을 왕래하는 사람이 갈수록 늘어갔다. 맨해튼섬에 사는 사람들은 돈벌이가 될 뿐 아니라 미래의 비전이 보이는 일을 하기 위해 매일 배를 타고 강을 오가며 열심히 일했다.

항구는 출퇴근 때마다 사람들로 붐볐고 이들을 상대로 하는 장사도 꽤 재미를 보았다. 하지만 심한 바람이 불거나 폭풍우가 치는 날이면 배를 띄울 수가 없었고, 항구에는 출근하지 못해 발을 동동 구르는 사람들과 장사하는 사람들의 안타까운 아우성이 뒤범벅이 되었다. 그런 날이면 뉴욕도 초비상이 걸렸다. 맨해튼섬에 사는 사람들은 인건비가 저렴하고 성실하다는 장점 때문에 뉴욕의 많은 회사가 채용했던 터라 그들이 출근을 못하면 업무가 마비될 수밖에 없었던 것이다. 그런 일이 자주 발생하면서 피해가 늘어나자 뉴욕에서는 각 분야의 전문가를 초청해 해결책 마련을 위한 토론에 들어갔다. 하지만 아무리 토론을 벌여도 좋은 의견은 나오지 않았고 토론은 다음으로 연기될 상황에 놓였다. 그때 잠자코 듣고만 있던 어떤 사람이 한 가지 제안을 했다.

그는 건설 기술자인 존 뢰블링으로 그가 제안한 내용은 워낙 물살이 강해 강 중간에 교각을 놓을 수 없으니 교각 없는 다리를 만들면 어떻겠느냐는 것이었다. 하지만 그의 제안은 일거에 웃음거리로 전락하고 말았다. 다른 전문가들은 그를 공상가라고 비웃기까지 했다. 존 뢰블링은 그들의 비웃음을 뒤로하고 건설 전문가인 아들 존 워싱턴과 함께 교각 없는 다리를 건설하기로 했다. 그것은 처음부터 어려운 공사였다. 몇 달 만에 뜻하지 않은 사고로 존 뢰블링은 목숨을 잃었고 존 워싱턴은 뇌신경을 다쳐 걷지도 말하지도 못하는 중상을 입었다.

그러나 그는 꿈을 포기하지 않았다. 다행히 그는 손가락 하나만은 움직일 수 있었다. 그는 손가락 하나로 의사를 전달할 수 있는 일종의 무선신호를 만들었고, 병실에 누운 채 아내의 팔을 손가락으로 두들기며 현장에 공사 지시를 보냈다. 그렇게 눈물겨운 13년의 세월이 흘러갔다. 그에게 감동을 받은 공사장 사람들은 침식을 잊어가며 열심히 일했다. 그리고 마침내 1883년 뉴욕과 맨해튼섬을 잇는 교각 없는 브루클린 다리가 완성되었다. 그들의 꿈과 희생은 초라했던 맨해튼섬을 세계적인 도시로, 뉴욕을 세계 최고의 도시로 만들었다.

리더십은 파트너가 평가한다

네트워크마케팅에서 그룹을 이끌고 있는 리더는 항상 자신을 돌아보는 시간을 가져야 한다.

시간이 흐른 후에 과연 파트너들은 '나'를 어떤 사람으로 평가할까? 현재 리더라는 모습 때문에 무조건 추종하는 것은 아닐까? 혹시 파트너들의 비판과 충고를 무시하고 있는 것은 아닐까? 내 방식대로 하는 사람은 예뻐 보이고 그렇지 않으면 밉게 보이지는 않을까?

나는 가끔 자신의 업적을 침을 튀겨가며 자랑하는 리더를 만나기도 한다. 자신이 참여하면서 스폰서가 최고 직급자가 되었다거나 자신이 모든 시스템을 만들어 센터를 완벽한 교육센터로 만들었다는 얘기, 아니면 불완전하던 회사가 자신이 참여하면서 제대로 꼴을 갖추게 되었다는 등의 말을 늘어놓는 것이다.

그들의 이야기를 듣다 보면 그들이 네트워크마케팅의 전문가, 박사, 최고수라 하지 않을 수 없다. 그런데 안타깝게도 그들이 만든 역사는 그리 오래 가지 못한다. 흔한 예로 몇몇 불법적인 회사의 이야기가 매스컴에 소개되면 불완전하던 회사는 술렁이고 심하면 많은 네트워커가 모습을 감추기도 한다.

만약 그들이 진정한 전문가, 박사, 최고수라면 흔히 있는 그런 일 앞에서 별 일 아니라는 듯 툴툴 털고 일어나야 하는 것 아닌가? 아쉽게도 그들은 그렇지 않았다.

진정한 리더가 지닌 공통점은 스스로 최고의 리더십을 갖추었다고 생색 내지 않는다는 것이다. 대개 파트너의 입을 통해 그들의 위대한 리더십을 엿볼 수 있을 뿐이다. 친구를 보면 그 사람을 알 수 있다는 말처럼 그룹과 그룹 문화를 보면 리더의 향기를 느낄 수 있다. 네트워크마케팅 리더가 후배들을 위해 남길 수 있는 것은 바로 그들이 만들어낸 문화와 향기가 아닐까?

네트워커십을 만들자

로마올림픽, 도쿄올림픽에서 마라톤을 2연패한 맨발의 마라토너 비킬라 아베베 선수를 기억하는가? 올림픽 역사에 영웅으로 기록된 그를 모르는 사람은 거의 없을 것이다. 하지만 자동차 사고로 다리를 다쳐 휠체어 신세를 지게 된 아베베에 대해 아는 사람은 극히 드물다.

세계적인 마라토너가 자동차 사고로 다리를 잃게 되었다면 인생이 끝났다고 보아도 심한 말은 아닐 것이다. 그러나 사고가 난 지 4개월 후 그는 영국에서 열린 파랄림픽에 양궁 선수로 출전해 세상을 놀라게 했다. 그는 다음 대회에는 탁구 선수로 출전했고 노르웨이에서 열린 장애인 개썰매 레이스에서 우승을 차지하는 등 평생 현역 선수로 살아갔다.

올림픽 경기에 출전하는 선수들은 대개 깨끗한 스포츠맨십을 발휘하려고 애쓴다. 하지만 메달이나 승리에 집착한 나머지 약물 복용이나 반칙 등을 저지르는 모습도 볼 수 있다. 그런 선수들은 실력이 있어도 부정을 저지른 죄로 메달을 박탈당하거나 출전 정지를 당한다. 그래서 올림픽 경기가 오래도록 유지되고 있는 것인지도 모른다.

마찬가지로 네트워크마케팅도 깨끗하고 건전한 비즈니스 문화를 만들어나가야 한다. 그 문화를 만드는 주체는 당연히 네트워크마케팅의 리더이다. 직접판매협회, 네트워크마케팅협회, 직접판매 공제조합, 특수판매 공제조합, 공정거래위원회, 소비자보호단체 또한 각 대학교의 네트워크마케팅 CEO 과정 담당자와 각 언론매체의 정화운동이 큰 역할을 하고 있긴 하지만 결국 비즈니스 현장에서 큰 영향력을 미치는 리더가 가장 많은 노력을 기울여야 한다.

예전과 달리 각 회사에서 활동하는 최고리더의 교류가 자연스럽게 이루어지는 오늘날, 마음만 맞는다면 네트워커십을 멋지게 만들어가는 것은 시간문제일 것이다. 네트워커십을 만들려면 첫째, 네트워크마케팅 제대로 알리기 캠페인이나 운동, 세미나, 자료 등을 준비해야 한다. 가장 빠른 방법은 각자의 그룹 혹은 조직에서 네트워크마케팅에 관해 A에서 Z까지 교육을 실시하는 것이다.

둘째, 네트워크마케팅과 관계된 협회, 언론, 학술, 기관 등과 원활한 관계를 맺어야 한다. 네트워크마케팅 업계가 성숙할수록 더 많은 전문 시스템과 연계되기 때문에 좀더 조직적이고 체계적인 시스템 통합이 이루어지게 될 것이다.

21세기형 네트워커, 멀티형 네트워커, 전문 네트워커로 거듭나기 위해서는 세련된 비즈니스 스타일과 진한 감동을 겸비한 향기 있는 리더가 되어야 한다.

동기부여가(Motivator)형 리더가 되어라

모든 네트워커가 성공모델의 성공원리를 제대로 알고 활동한다면 훨씬 더 수월하게 성공적인 결과를 만들어낼 수 있을 것이다. 네트워크마케팅의 대표적인 성공모델인 백만장자를 살펴보면 재미있는 것을 발견할 수 있다. 그들은 무엇보다 조직관리 타입에 따른 성공률에서 높은 차이를 보인다. 조직관리 타입은 30여 가지 이상으로 분류할 수 있는데, 그중 대표적인 유형 다섯 가지를 살펴보자.

첫 번째, M(Motivator)형으로 동기부여가형 리더를 말한다. 세계적으로 유명한 동기부여가로는 지그 지글러, 짐론, 데니스 웨이틀리, 브라이언 트레이시, 앤서니 로빈스 등이 있다. 그들처럼 M형 리더는 주로 네트워커에게 꿈과 용기를 주는 역할을 한다.

M형 리더는 다양한 정보를 보유하고 있다. 이들은 일반인보다 훨씬 많은 양의 책을 보고 정리하며 신문이나 잡지도 여러 가지를 구독한다. 또한 여러 분야의 사람들과 교류하는 것을 즐긴다. 자신보다 훌륭한 사람들의 포럼이나 세미나, 각종 행사에 적극 참가해 폭넓은 지식을 익히는 데도 많은 노력을 기울인다. 따라서 이들이 다양한 정보, 많은 양의 정보를 보유하는 것은 당연하다.

M형 리더의 강의는 오케스트라 연주처럼 잔잔하면서도 내적인 강함과 웅장함을 준다. 이들은 직설적인 표현보다 우화나 실제 있었던 일을 잘 조합시켜 마치 그림을 그리듯 쉽고 재미있게 그러면서도 감동적으로 표현한다. M형 리더의 옷차림은 화려하지도 수수하지도 않다. 주로 사람들에게 부담을 주지 않을 정도의 편안하면서도 세련된 정장을 하고 다닌다. 성공자의 외적인 모습보다 잠재력 계발을 통한 내적인 변화가 성공을 이끈다는 원리를 더 좋아하기 때문이다.

 두 번째, H(Hardworking)형으로 행동형 리더를 말한다. 말보다 행동으로 결과를 만드는 것을 좋아하는 리더로, 사람들은 이들에게 "일복을 타고났다"고 말하기도 한다. 일을 대충 하는 것을 싫어하고 남에게 시키는 것보다 본인이 직접 손발 걷어붙이고 나서는 것을 좋아한다.

 H형 리더는 남들에게 본보기가 되는 사람이다. 한마디로 솔선수범하는 리더이다. 자기 그룹과 상관이 없는 사람에게도 정성스럽게 스폰서링을 해주고 자신의 이익과 무관한 일에도 전체를 위한 것이라면 적극적으로 나서는 행동파 리더이다.

 H형 리더의 활동시간과 공간은 입이 딱 벌어질 정도로 엄청나다. 아침에 누구보다 일찍 사무실이나 교육장에 나온다. 청소나 정리를 도맡아하고 미팅에서 개근(?)상은 이들이 독차지한다. 남들은 한 달에 몇 명 리크루팅 할까 말까 하는데 H형 리더는 하루에도 몇 명씩 새로운 고객을 만나 제품 소개나 사업기회를 전달하는 것을 볼 수 있다. H형 리더는 동에 번쩍 서에 번쩍

하며 왕성하게 활동하는 네트워커이다.

세 번째, L(Loving)형으로 사랑이 넘치는 리더이다. 사람을 워낙 좋아해 많은 사람과 어울리는 것을 즐긴다. 네트워커의 비율을 보면 남성보다 여성이 훨씬 많은데, 덕분에 한편에서는 '네트워크마케팅은 분위기 사업'이라는 말도 나오고 있다. 왜냐하면 여성들은 감성적이고 분위기를 잘 타기 때문에 여성 중심의 비즈니스를 펼치다 보면 자연히 분위기가 조성되기 때문이다.

L형 리더는 분위기파 리더라고도 부른다. 네트워크마케팅에서는 비즈니스의 특성상 많은 사람이 모일 수 있는 호텔이나 연수원 등에서 행사를 하게 되는데, 이때 분위기파 리더는 마치 고기가 물을 만난 것처럼 생기가 돈다. 또한 회사에서 실시하는 해외여행 프로모션 등을 누구보다 효과적으로 활용한다.

L형 리더는 헌신적이다. 계산적인 비즈니스와 거리가 먼 리더라고 할 수 있다. 주어진 일에 최선을 다하고, 손해를 보면서도 남을 위한 봉사나 희생도 감수한다. 일이 잘못되어도 남을 탓하지 않는다. L형 리더는 만나는 모든 사람에게 사랑과 정을 베푼다. 그래서 오히려 파트너들이 L형 리더를 더 챙기는 현상이 벌어지기도 한다. 순수한 마음으로 사람들을 대하기 때문에 함께 활동하는 파트너들이 존경을 하는 것은 물론 아끼는 마음에 L형 리더를 성공시키기 위한 노력을 하게 되는 것이다.

네 번째, T(Teacher)형으로 교수형 리더이다. 지식형 리더라고도 부른다. 이론을 중시하며 매사에 신중한 모습을 보인다. 네트워크마케팅에 입문할 때도 쉽게 시작하지 않는 스타일이다. 일반적인 사람들이 사업설명회 몇 번 들어보고 도전하겠다는 의지를 밝히는 반면 T형 스타일은 최소한 10회 이상 설명회에 참석해 다양한 강사들의 사업설명을 듣는다.

T형 리더의 네트워크마케팅 입문 과정은 스폰서의 애간장을 살살 녹이며 시작된다. 비전을 느껴도 흥분하지 않고 감정도 드러내지 않으며 그렇다고 선뜻 등록하는 것도 아니다. 반면 완벽한 정보를 알려고 적극적으로 뛰어다닌다. 또한 시키지 않아도 책이나 오디오 및 비디오CD 등을 구입해 열심히 읽고 보고 들어본다. 회사를 직접 찾아가거나 공제조합, 협회 등에 전화를 걸어 회사에 대해 확실히 알아보기도 한다.

보상플랜도 이론적인 것보다 실제 시뮬레이션을 통해 어느 정도 현실적인지 알아본다. 또한 부정적인 부분이나 문제점 등도 충분히 살핀다. 이처럼 스스로 만족할 때까지 모든 것을 알아본 후 당당하게 시작하는 사람이 T형 리더이다.

이들은 시작을 까다롭게 한 만큼 일단 사업을 진행하면 누구도 따라오지 못할 정도로 완벽한 지식과 이론으로 그룹을 이끌어나간다. 설령 도중에 언론의 부정적 보도로 갑자기 업계 전체가 가라앉아도 T형 리더는 합리적이고 정확한 정보를 통해 위기를 잘 극복하는 지혜를 발휘한다.

네트워크마케팅은 교육을 통해 복제가 수월하게 이루어지는데, 체계적인 교육 시스템이나 교육 현장에서 가장 큰 역할을 하는 네트워커가 바로 T형 리더이다.

다섯 번째, E(Efficient)형으로 코치형 리더이다. 쉽게 말해 '호랑이 선생님' 스타일의 리더라고 할 수 있다. 특히 초기에는 비전과 열정이 넘치는 리더의 역할이 절실한데 이때 필요한 리더가 E형이다. 확실한 결과가 있다면 과정이 조금 힘들어도 불도저같이 밀어붙이는 열정으로 사업을 해야 한다는 것이 E형 리더의 생각이다.

프로 스포츠 세계에서 스파르타식 훈련을 선호하는 코치나 감독처럼 성공을 위해 피나는 노력을 강요하는 리더라 할 수 있으며, 그로 인해 일정 수준에 이르지 못한 파트너가 도중에 포기하는 현상이 나타나기도 한다. 하지만 "어차피 성공은 아무나 하는 것이 아니다"라는 원칙으로 어쩔 수 없는 현상은 담담하게 받아들이는 냉정함을 보인다.

E형 리더가 이끄는 그룹은 외형적으로도 강하게 비춰진다. 마치 특수부대원처럼 목소리가 크고 행동이 빠르고 민첩하며 과감한 도전을 두려워하지 않는다. 매출이나 직급도 눈에 띄게 달라지고 강연은 관중을 제압할 정도로 강하게 느껴진다.

당신은 M형, H형, L형, T형, E형 리더 중 어떤 형에 속하는가? 흥미롭게도 전체 백만장자 중 70퍼센트 이상은 M형이 차지하고 있다. 나 역시 당신에게 M형을 추천하고 싶다. 동기부여가형 리더는 H형, L형, T형, E형의 요소를 모두 갖춘 리더라고 할 수 있다. 파트너에게 멋진 동기부여를 해주려면 솔선수범과 적극적으로 활동하는 모습을 보여야 하고(H형) 명령과 지시보다는 칭찬과 격려, 헌신적 사랑을 갖춰야 하며(L형) 이론과 실전을 겸비한 체계적인 교육을 생활화하고(T형) 확실한 목표설정과 행동계획을 통해 파트너들을 성공으로 이끌어주어야 한다(E형).

세계에서 가장 위대한 동기부여가(Motivator)형 리더가 돼라.

작품을 만들어라

 산책을 나선 어떤 사람이 정감과 예술 감각이 깃든 눈빛으로 하늘과 나무, 흙을 바라보며 조용히 걷고 있었다. 한참을 걷던 그는 갑자기 걸음을 멈추고 어느 집 정원 한구석에 방치된 돌덩이를 응시했다. 그것은 흠이 많고 거친 대리석이었다. 그는 성큼성큼 그 집 현관으로 다가가 문을 두드렸다.

 잠시 후, 집주인이 나오자 그는 정중하게 "혹시 저 돌을 제게 주실 수 없겠습니까?"라고 물었다. 그러자 주인은 "저렇게 쓸모없는 돌을 가져다 무엇에 쓰시려고요?" 하면서 선뜻 그 돌을 가져가라고 했다. 그는 인부를 시켜 그 돌덩이를 집에 옮겨놓고는 틈만 나면 깎고 다듬었다.

 얼마나 지났을까? 그가 만든 작품이 세상에 나오자 수많은 사람이 입을 다물지 못할 만큼 감탄했고 길이 남을 예술품이라며 칭송했다. 그는 바로 르네상스 시대 최고의 미술가였던 미켈란젤로였다. 그는 남들이 쓸모없게 여기던 것에 의미를 부여하고 나아가 훌륭한 작품으로 승화시킨 것이다.

자존심을 보여주자

 네트워크마케팅에 입문한 사람은 대부분 무점포, 무자본, 무

경험 등의 '무(無)'라는 말에 매료되어 쉽게 선택했을 것이다. 또한 조금만 신경 써서 활동하면 자신처럼 비전을 느끼는 사람들의 팀워크로 혼자서는 평생 일해도 얻기 힘든 고소득을 얻을 수 있다는 매력에 이끌려 잠을 제대로 이루지 못했을지도 모른다.

네트워크마케팅 비즈니스가 그렇게 쉽게만 된다면 얼마나 좋을까? 초보 네트워커가 생각하는 것처럼 좋은 회사, 우수한 제품, 확실한 보상플랜을 통해 성공을 보장받을 수 있다면 그보다 더 좋은 일이 세상에 또 어디 있으랴. 그렇다면 지금까지 시장에 등장했던 수백 개의 회사는 모두 성공신화를 이루었을 것이고, 네트워커 역시 모두 성공했을 것이다.

현실은 안타깝게도 한 해에만 수십 개의 회사가 생겨나고 동시에 수십 개의 회사가 문을 닫는 현상이 반복되고 있다. 그 이유는 여러 가지가 있겠지만, 보통은 수박 겉핥기식으로 사업을 펼치기 때문이다. 그렇다면 수박 겉핥기식이란 과연 무엇을 말하는 것일까?

네트워크마케팅 비즈니스가 인맥유통이라는 것은 누구나 알고 있지만 그 깊이를 아는 사람은 드물다. 아니, 알려고 하지도 않는다. 즉, 인맥유통을 잘하려면 어떻게 해야 하는지 고민하고 문제를 풀려고 하는 사람을 찾아보기 어렵다는 얘기다.

흔히 네트워커가 비전(Vision)을 들먹이며 보여주는 것은 금방 돈을 벌 수 있다는 자극적인 보상플랜이다. 내가 가장 싫어하는 말 중의 하나가 "돈이 된다 또는 돈이 안 된다"라는 것이다. 세상에 공짜는 없다. 그럼에도 등록만 하면 마치 당장이라도 통장에 돈이 들어올 것처럼 혹은 사람들을 데려오면 금방 최고 직급자가 될 것처럼 말을 쉽게 한다.

더욱 기막힌 것은 창립한 지 몇 개월 만에 수백 억대의 매출을 올리는 회사에서 100만 원 어치 물건을 사면 250만 원을 준다고 하면서 수천만 원을 투자하게 하는 보상플랜을 내놓는 것이다. 상식적으로 도저히 이해할 수 없음에도 그들은 도시 한복판에서 버젓이 간판을 내걸고 활동을 한다.

자존심을 세워라. 네트워크마케팅은 결코 쉽지 않다는 것을 보여주어라. 가치가 있다는 것을 알려라. 해볼 만한 일이라는 것을 느끼게 하라. 그래서 쉽게 돈을 벌려고 하는 사람이 뛰어들지 못하게 하라. 설령 뛰어들지라도 코가 깨지게 만들어라. 그들이 네트워크마케팅의 이미지를 함부로 흐려놓을 수 없도록 말이다.

그동안 네트워크마케팅은 많은 변화를 겪어왔으며 참여하는 네트워커도 다양해졌다. 전문가, 예술인, 학자, 직장인, 취업준비생, 창업이나 전업하려는 사람은 물론 취미나 여행을 위해 혹은 자기계발을 위해 네트워크마케팅 비즈니스를 전업이나 부업의 형태로 선택하는 사람이 늘고 있는 것이다.

리더인 당신은 이들의 미래를 어떻게 이끌어줄 것인가? 네트워크마케팅을 사랑하고 이 업계에서 진정한 성공을 이루려는 마음이 간절한 당신은 분명 답을 알고 있을 것이다.

당신 스스로 미켈란젤로가 되어 네트워크마케팅에 혼을 불어넣어라. 남들이 쓸모없다고 생각하는 돌덩이에 의미를 부여해 멋진 작품을 만들어라.

자서전을 쓰듯 비즈니스를 하라

베스트셀러가 되는 서적을 살펴보면 간혹 인생의 밑바닥에서부터 출발해 최고의 자리에 이른 사람들의 자서전이 눈에 띈다. 그들은 보통 세일즈를 통해 성공한 사례에 해당한다.

당신이 이미 알고 있듯 네트워크마케팅은 레버리지(지렛대 원리) 효과를 활용한 팀워크 비즈니스로 세일즈보다 훨씬 수월하게 성공할 수 있는 시스템이다. 세일즈를 통해 성공한 사람들의 이야기가 베스트셀러로 떠오른다면, 분명 얼마 지나지 않아 네트워크마케팅에서 성공한 사람들의 자서전도 날개 돋친 듯 팔릴 것이다. 이미 네트워크마케팅에서 이룬 성공신화는 각 회사의 사보나 잡지에 올라 수만, 수십만 명이 보고 있다.

오늘도 열정적으로 활동하는 당신이 5년이나 10년 후 백만장자로서 자서전을 세상에 내놓는다는 생각으로 하루하루를 작품으로 만들어보는 것은 어떨까? 어떤 사람이 되고 싶은지, 진정으로 하고 싶은 일이 무엇인지, 반드시 갖고 싶은 것이 무엇인지 등과 관련하여 그것을 이루기 위한 행동계획을 설정하고 하루하루 실천한다면 몇 년 후 자서전을 내놓을 때 당황할 필요는 없을 것이다.

많은 네트워커가 무의미한 하루를 보내고 있다. 혹은 불도저 같은 정신으로 전혀 가치가 없는 일에 모든 열정을 쏟아 붓기도 한다. 관계기관이나 업계 전문가가 볼 때 몇 달 못 가 문 닫을 만한 회사를 위해 무모하게 일을 하는 것이다.

다시 한번 점검해보라.

왜 네트워크마케팅을 하는가? 네트워크마케팅을 통해 이루고자 하는 것은 무엇인가? 어떤 변화를 원하는가? 그리고 네트워크마케팅을 통해 진정 타인에게 행복을 만들어주려고 노력하는가? 자서전을 쓰는 사람은 자신의 이야기가 진정으로 성공하고자 하는 사람들에게 롤-모델(Role-Model)이나 멘토(Mentor)로서 좋은 역할을 하길 기대한다. 당신도 네트워크마케팅의 롤-모델이 되어야 한다. 당신도 네트워크마케팅의 멘토가 되어야 한다. 그러기 위해 하루하루 자서전을 쓰듯 비즈니스를 하라.

3장

용기 있는
리더가 되자

색깔 있는 리더가 되어라

 어느 시골 마을에 마음씨 착한 농부와 심술궂은 농부가 살고 있었다. 어느 해, 마음씨 착한 농부네 곡식이 심술궂은 농부네 곡식보다 훨씬 잘되자 심술궂은 농부는 시기심에 착한 농부를 골탕 먹일 궁리를 했다.
 '어떻게 하면 좋을까?'
 온종일 방바닥을 뒹굴며 이리저리 생각하던 심술궂은 농부는 갑자기 좋은 생각이 났는지 벌떡 일어서며 무릎을 탁 쳤다. 곧바로 장터로 간 심술궂은 농부는 여기저기 수소문한 끝에 여우 사냥꾼을 찾아갔다. 심술궂은 농부는 사냥꾼에게 충분한 보답을 약속하며 잘 달리는 여우 한 마리를 잡아달라고 부탁했다.
 며칠 뒤, 사냥꾼은 약속대로 여우 한 마리를 잡아왔다. 심술궂은 농부는 여우의 꼬리에 불에 잘 타는 줄을 매달았다. 밤이 되자 심술궂은 농부는 여우를 끌고 마음씨 착한 농부네 밭으로 갔다. 아무도 없음을 확인한 심술궂은 농부는 여우 꼬리에 매달린 줄에 불을 붙이고는 마음씨 착한 농부네 밭으로 여우를 내몰았다. 그런데 마음씨 착한 농부네 밭으로 달려가던 여우는 갑자기 방향을 바꿔 심술궂은 농부네 밭쪽으로 달리기 시작했다. 당황한 심술궂은 농부가 여우를 쫓았지만 오히려 여우가 요리조리 피하며 달리는 바람에 자기네 밭 여기저기에 불이 붙고 말았다.

결국 여우는 산 속으로 도망쳤고, 심술궂은 농부는 하소연 한마디 못하고 곡식을 모두 잃게 되었다.

변화를 인정하라

네트워크마케팅 비즈니스 현장에서 자주 접하는 이야기 중 하나가 타 회사나 그룹, 라인에 대한 좋지 않은 평가이다. 자신이 속한 회사를 믿고 자부심을 갖는 것은 대단히 중요한 일이지만, 고객을 유치하기 위해 정확하게 알지도 못하면서 소문만 믿고 타 회사를 마음대로 재단하면 곤란하다. 몇 년 이상 네트워크마케팅 업계에 몸담은 웬만한 네트워커는 "말도 많고 탈도 많다"는 말에 충분히 공감할 것이다.

예전에는 네트워크마케팅의 비전을 강조하기 위해 주로 일반 세일즈, 즉 방문판매법이나 일반 사업 혹은 프랜차이즈 시스템과의 차이를 예로 들었다. 물론 그러한 예는 지금도 충분히 매력적이다.

그런데 최근 몇 년 사이에 커다란 변화가 일어났다. IMF 이후, 새로운 삶에 대한 도전으로 네트워크마케팅 비즈니스에 뛰어드는 사람이 갑자기 증가했고 덕분에 한국의 네트워크마케팅 업계가 최고의 매출을 올리면서 전세계 3위로 도약하는 놀라운 결과를 낳기도 했다.

10여 년 전까지만 해도 홀대를 받았던 네트워크마케팅의 위상이 크게 높아졌고 언론계, 학계, 관계기관에서는 네트워크마케팅의 제대로 된 모습을 파악하느라 진땀을 빼기도 했다. 그 결과 "네트워크마케팅 종사자, 800만 명을 넘어서다"라는 내용이 여기저기서 쏟아져 나왔다. 그러다 보니 리크루팅은 자연히 어려워지게 되었다. 네트워크마케팅 회사마다 새로운 회원을 모집하기에 정신이 없으니 어디에서 그 많은 인원을 찾는다는 말인가? 결국 이들은 이미 타 회사에 등록했거나 활동하고 있는 사람까지 찾아 나섰다.

"당신은 잘못 선택했다. 당신 회사는 문제가 있다. 당신이 쓰고 있는 제품보다 우리 회사에서 나온 것이 훨씬 더 좋다. 그 제품에 문제가 있다고 하더라. 그 회사에서 어떻게 돈을 벌 수 있느냐. 우리 회사의 보상플랜을 봐라. 돈이 될 수밖에 없다."

이런 식으로 한때 서로를 헐뜯는 마케팅이 유행했던 것도 시대적 상황이 낳은 결과였다. 아직도 일각에서는 네트워크마케팅을 피라미드로 오해하고 있고, 사람 장사니 불로소득이니 하면서 좋지 않은 시각으로 보고 있는데 여기에 서로 헐뜯는 모습을 보여준다면 과연 네트워크마케팅에 대한 긍정적 평가가 이루어질까? 이미지가 달라질까? 네트워크마케팅에서 성공한 사람들을 진정한 성공자라고 인정할까?

장사가 잘된다고 하는 시장에 가보면 보통 같은 업종이 다닥다닥 붙어 있다. 나도 한때는 '아니 저렇게 같은 가게가 수십 개 있으면 장사가 될까?' 하는 의문을 가진 적이 있다. 물론 얼마 지나지 않아 그 의문은 말끔히 해소되었다. 그 시장이 유명해져 찾는 사람이 늘어나면 그곳에 있는 모든 가게가 다 잘되기 마련이다.

시기하고 질투하기보다 '나'만이라도 잘하자

네트워크마케팅 컨설턴트라는 직업 때문에 나는 가끔 타 회사의 문제점에 대한 확인 질문을 받기도 한다.

"혹시 ○○회사의 대표이사가 구속되었다는 것 아십니까?"

"○○회사의 대표 사업자가 이번에 새로 연 ○○회사로 옮겼다고 하는데 그 회사 괜찮습니까?"

"○○회사 왜 그런답니까? 협회나 조합에서는 조치도 취하지 않고 있는 것 같은데, 우리가 나서서 해결해야 하는 것 아닙니까?"

마치 그 회사가 잘못되기를 기다렸다는 듯, 그 꼴 보기 싫은 대표 사업자가 그 회사에 가서 잘못되기를 바라는 듯 동조를 구하는 식의 질문에 할 말을 잃을 때가 한두 번이 아니었다. 그 경우, 나는 잠시 숨을 고르고 이제는 그런 이야기 그만하고 모두가 잘되는 방향으로 생각해보자고 말한다. 그런 질문을 하는 사람이 속한 회사나 그룹도 언제, 어떻게 될지 모른다. 남이 잘되고 안 되는 것에 너무 민감할 필요는 없다. 오히려 그런 시간과 정력을 제대로 할 수 있는 일에 집중하는 것이 훨씬 현명하고 가치가 있다.

내가 주로 진행하는 트레이닝 코스에서는 특별히 그 점을 강조한다. 보상플랜이나 비전의 차별성을 내세워 억지로 타인을 설득하려 하지 말고, 상대방이 이해할 수 있고 신뢰할 수 있는 모습이나 결과를 보여주라고 요구한다. 예를 들어 깔끔한 헤어스타일, 전문가로 느껴질 만한 복장, 사업가용 가방 등으로 진지하게 비즈니스에 임하는 모습을 보여주는 것도 좋다.

　물론 네트워커는 자유기업가인데 무슨 세일즈맨처럼 그런 것을 갖추라고 하느냐고 반발할지도 모른다. 하지만 주위를 돌아보라. 대체 누가 진정한 네트워커인지, 누가 피라미드인지 구별할 수 있는가? 화려한 말솜씨로 비즈니스를 하던 시대는 지났다. 비전만 보여주던 시대는 이미 과거 속으로 사라졌다. 어떤 사람이 무슨 정보를 전해주느냐가 중요한 시대이다.

　누가 네트워크마케팅의 진정한 리더일까? 과연 어디서 그처럼 멋진 네트워커를 찾을 수 있을까? 전문가다운 모습을 갖춰라. 그러면 세상은 당신 같은 전문 네트워커를 원하고 있음을 깨닫게 될 것이다.

원칙을 지켜라

영국 국회에서 중요한 회의가 열리기로 되어 있었다. 그 회의에서 연설을 할 사람은 처칠 수상이었다. 수상이 회의에 늦지 않도록 하기 위해 서둘던 운전기사는 교통 혼잡을 빠져나오자마자 속도를 내다가 교통경찰의 단속에 걸리고 말았다. 다급해진 운전기사가 말했다.

"수상 각하의 차입니다. 국회에서 중요한 연설을 해야 하는 터라 속도를 내게 되었소. 좀 이해해주시오."

그 말을 듣고 힐끔 뒷좌석을 쳐다본 교통경찰은 "수상 각하를 닮긴 했지만, 처칠 수상께서 교통위반을 할 리가 없소. 당신은 교통위반에 거짓말까지 하는구려. 면허증을 내놓으시오"라고 단호하게 말했다. 처칠 수상이 어쩔 수 없다는 표정을 짓자 운전기사는 면허증을 내놓았다.

그날 국회에서 연설을 마친 처칠 수상은 경시청 총감에게 전화를 걸어 아침에 있었던 일을 자세히 이야기하고 그 교통경찰을 특진시켜 주도록 명령했다. 그러자 경시청 총감은 "경찰조직법에 그런 조항이 없어 특진시킬 수 없습니다"라면서 정중히 거절했다. 처칠 수상은 싱긋 웃으며 중얼거렸다.

"허허, 오늘은 경찰한테 두 번이나 당하는군."

아마추어에서 프로가 되기까지

네트워크마케팅은 매력 덩어리 시스템이다. 세상물정 모르고 살아온 평범한 사람도 노력에 따라 대기업을 평생 다닌 엘리트 직장인을 능가할 정도의 연봉과 인정을 받을 수 있는 독특한 비즈니스이기 때문이다. 또한 수십 년간 남편과 아이들 뒷바라지에 바깥세상과 담을 쌓고 살아온 전업주부를 수천 명 앞에서 세계 경제 흐름과 미래에 대한 비전을 맘껏 이야기할 수 있는 여성 네트워커로 변신할 수 있도록 하는 것이 네트워크마케팅 시스템이다.

어디 그뿐인가? 엘리트 코스를 밟으며 대기업, 은행, 군대, 의사, 변호사, 회계사로 승승장구하는 수많은 사람이 좀더 가치 있는 미래, 보람 있는 일을 위해 선택하는 일이 네트워크마케팅 비즈니스이다. 그러다 보니 자연스럽게 다양한 모임이 형성되고 그 안에서 독특한 시스템과 문화가 만들어지는 것을 볼 수 있다. 각 회사, 그룹이 공통적으로 추구하는 목표와 행동계획, 원칙과 질서가 만들어지고 다듬어져 그것이 나중에는 반드시 지켜야 하는 규칙으로 발전한다. 그것은 법전에는 들어 있지 않지만 우리나라의 미풍양속이나 풍습처럼 오랜 기간 이어져오면서 서로가 당연히 지켜야 하는 관례 혹은 관습과 같은 것이라고 할 수 있다. 네트워크마케팅에서는 이것을 일컬어 '시스템'이라고 한다.

나라마다 건국신화가 있고 문화가 존재하며 독특한 민족성을 표출하는 것처럼 네트워크마케팅 비즈니스에도 회사마다 나름대로 창업 스토리와 경영철학, 이념, 제품 스토리가 있다. 이에 따라 거기에 참여하는 네트워커의 수준과 색깔이 달라진다.

  그럼에도 여전히 많은 네트워커가 네트워크마케팅의 독특한 시스템을 이해하고 활용하려 노력하기보다, 단지 네트워크마케팅이 지닌 단순한 힘, 시너지 효과에만 지나치게 많은 기대를 하고 있다. 심지어 금융 피라미드나 그와 유사한 기법으로 사람들에게 돈을 투자하게 하는 편법을 저지르며 네트워크마케팅이라는 포장지로 겉을 포장하는 회사도 있다.

  대체 네트워크마케팅을 끌고 어디까지 가려고 하는 것인가? 세상에 태어나 좋은 씨앗만 뿌리고 가도 한평생이 짧은데 왜들 그렇게 남의 마음을 아프게 하고 사회에 풍파를 일으키는 일로 인생을 낭비하는가?

정직과 원칙은 리더의 가장 강력한 스폰서

  나는 가끔 초보 네트워커로부터 이런 부탁을 받는다.
  "네트워크마케팅을 제대로 하고 싶은데, 거기에 맞는 좋은 책이 있으면 한 권 선정해주세요."
  시중에 많은 책이 나와 있기 때문에 초보자에게 권할 만한 책을 고르는 것은 그리 문제될 것이 없다. 하지만 그가 속한 회사와 그룹이 책에 서술된 것처럼 원칙대로 비즈니스를 할 수 있는 환경과 조건을 갖추고 있는지 혹은 그룹의 리더가 스폰서십을 제대로 발휘하는지 알 수 없어 좀 두렵다. 만약 그 초보 네트워커가 책을 보고 그대로 실천하려 하는데, 현실적으로 많은 차이를 느낀다면 오히려 책을 선정해주지 않은 것보다 못하기 때문이다.

또한 네트워크마케팅에 대한 꿈과 신비감이 깨질 수도 있고, 심지어 스폰서들에게 '이론형 네트워커'라고 따돌림을 당할 수도 있지 않은가? 그러다가 결국 제대로 된 네트워크마케팅의 맛도 보지 못하고 떠나버린 다면 그야말로 낭패가 아닐 수 없다.

초기에 나왔던 책은 대부분 번역 서적이나 회사 소개를 중심으로 한 내용이었다. 실전과 좀 거리가 있었던 것이다. 하지만 그동안 많은 시행착오를 겪고 좋은 결과를 벤치마킹하면서 각 회사에 성공자와 성공 시스템이 만들어져 지금은 실전 중심의 책이 쏟아져 나오고 있다.

그러한 책의 내용을 살펴보면 진정 저자의 성공 노하우와 전문성을 꿰뚫어볼 수 있을 정도이다. 더욱이 합리적이고 객관적으로 세세한 부분까지 구체적으로 서술한 것을 볼 수 있다. 그런데도 여전히 많은 네트워커가 '책은 이론 중심적'이라는 편견으로 잘 보려 하지 않는다. 심지어 자신의 파트너에게도 비즈니스에 도움이 안 된다는 이유로 책을 멀리하게 한다.

경험이 풍부한 리더가 충분히 읽어보고 회사나 그룹의 시스템과 문화에 가장 근접한 책을 몇 권 선정해 파트너들에게 권장하면 오히려 주관적이고 맹목적으로 빠질 수 있는 네트워킹을 올바로 잡아줄 수 있지 않을까?

책을 멀리하면 할수록 원칙은 사라지고 그 상태에서 사람들이 계속 불어나면 각자의 경험과 감각대로 비즈니스를 하게 된다.

그러면 오히려 성격 차이, 리더십 부재, 각종 갈등요인을 부추겨 자신의 색깔과 비슷한 그룹, 스폰서를 찾아 떠돌아다니는 네트워커를 양산하게 될 뿐이다.

언제 어디서든 원칙이 제대로 지켜져야 네트워커가 신명나게 활동할 수 있다. 당신은 진정으로 성공하고 싶은가? 그렇다면 정직과 원칙을 가장 강력한 스폰서로 삼아라.

명강사에 도전하는 한 해

우리나라에서는 좋은 학교를 우수한 성적으로 나와야 사람대접을 받고, 좋은 학위를 가져야 원하는 삶을 살 수 있다는 관념이 사회 전반에 뿌리박혀 있다. 어린시절부터 공부를 잘해야 인정받을 수 있다는 의식을 심어주기 때문에 백년대계에 필요한 교육 본연의 목적과 거리가 먼 교육이 이루어지고, 정상적인 사회인으로서의 성장 과정에 필요한 정보를 익히는 것이 아니라 도태되지 않고 살아남기 위해 점수를 따는 교육이 행해지고 있다. 그런 환경에서 자라온 탓에 간혹 "당신의 인생에 꼭 필요한 교육이 있는데 함께 참석해보지 않겠느냐?"라고 물으면 눈을 동그랗게 뜨고는 "뭐, 또 교육을 받으라고?"라며 고개를 흔든다. 우리는 입으로는 '평생교육'을 외치면서도 실은 교육의 '교'자 소리만 들어도 진절머리를 내는 것이다.

교육은 네트워크마케팅의 생명이다

네트워크마케팅은 어느 날 우연히 당신에게 다가왔을 것이다. 처음에는 어색하거나 신기하기도 하고 왠지 석연치 않은 구석이 있었을지도 모른다. 하지만 뿌연 안개더미 같던 네트워크마케팅은 서서히 그 윤곽을 드러냈을 것이다.

그렇게 잘 알지 못하던 것을 점점 선명하게 밝혀준 것은 과연 무엇일까? 그것은 바로 '교육'이다. 우리가 지긋지긋해하는 교육을 통해 흐릿하던 것이 선명해지고 문제가 해결되었던 것이다. 말 그대로 교육은 평생 필요하다. 그러니 차라리 '대학만 졸업하면 지긋지긋한 교육의 지옥에서 벗어나겠지' 하는 생각을 버려라.

새로운 경험을 하자면 두려움은 반드시 극복해야 할 대상이고, 미래는 어떻게 될지 불확실하다. 당신이 한 번도 가보지 않았던 나라로 여행을 간다고 생각해보라. 그 나라에 대한 정보도 없고 문화도 모르며 말도 할 줄 모른다면 아마 보통 심장이 아니면 선뜻 나서기 힘들 것이다. 그런데 당신의 가까운 친구가 그 나라에 대해 잘 알고 있어서 안내를 해주겠다고 한다면 어떻겠는가? 아마도 당신은 친구의 친절한 안내를 받아 재미있고 유익한 여행을 할 수 있을 것이다.

당신이 선택한 네트워크마케팅은 분명 새로운 경험이다. 경험이 없던 당신이나 당신이 추천한 사람 모두 똑같은 두려움을 안고 있다. 미래는 불확실하고 언제 어떤 위험이 닥칠지 모른다. 하지만 좋은 방법이 있다. 당신이 친구의 도움으로 멋진 해외여행을 할 수 있었던 것을 기억하기만 하면 된다.

당신의 친구는 당신이 가고자 하는 나라에 대한 경험이 많았고 덕분에 당신이 아주 재미있고 유익한 시간을 보냈다고 해보자. 경험이 전혀 없던 당신이 경험이 있던 친구로부터 많은 정보를 듣고 그것을 활용해 좋은 경험을 하게 된 것이다.

 이때 당신은 친구의 풍부한 경험이 모아진 '정보' 전달로 멋진 여행을 한 셈이다. 그 정보 전달이 바로 '교육'이다. 교육은 살아 있는 경험이며 그 경험이 모아져 '정보'가 된다. 마찬가지로 네트워크마케팅에서 당신의 뿌연 시야를 맑게 해주는 것은 지속적인 정보 전달, 즉 '교육'이다.

강사는 기쁨 2배

 네트워크마케팅 비즈니스가 잘 풀리지 않을 때, 사람들은 고민만 할뿐 정작 문제를 풀어줄 수 있는 '교육'은 외면한다. '그거 다 아는데 뭐!'라고 하면서 과거에 물려받은 교육에 대한 고정관념에서 벗어나지 못하는 것이다.

 네트워크마케팅은 필드 경험이 많은 스폰서와 리더의 노하우에 의해 성공과 실패가 좌우된다. 그리고 리더들은 성공과 실패에 대한 모든 노하우를 '교육'을 통해 전달하고 있다. 교육을 통해 과거와 현재, 미래의 비전을 전달하는 것이다.

 네트워크마케팅의 살아있는 정보는 교육으로 정리된다. 따라서 당신이 진정 네트워크마케팅에서 성공하고 싶다면, 네트워크마케팅을 정확히 알고 싶다면, 무슨 일이 있어도 네트워크마케팅을 통해 꿈을 이루고 싶다면 교육기회를 이용하라.

 교육을 통해 선배들의 노하우를 배우는 것은 물론, 당신 스스로 교육을 할 수 있어야 한다. 반드시 뒤에서 쫓아가는 소극적인 네트워커가 아니라 앞에서 이끌어가는 적극적인 리더가 되어야한다. 네트워크마케팅에서 가장 쉽고 빠르게 그리고 멋있게 성공하는 방법은 당신이 솔선수범해서 교육을 하는 것이다. 그밖에 다른 지름길은 없다.

이미 성공했거나 지금 성공하고 있는 리더가 어떤 역할을 하고 있는지 살펴보라. 그들은 지금 당신 앞에 서서 교육을 하고 있다. 당신 뒤에 가만히 앉아 있는 것이 아니다. 당신 앞에서 고개만 끄덕이고 있지도 않다. 당신 옆에서 졸고 있지도 않다. 분명 그들은 당신 앞에 서서 열변을 토하고 있을 것이다.

그의 눈을 보라. 정글 속에서 포효하는 동물의 왕처럼 이글이글 타고 있을 것이다. 그의 입을 보라. 드넓은 창공을 향해 도약하는 독수리의 부리처럼 미래를 향한 불이 뿜어져 나올 것이다. 그의 행동을 보라. 온몸을 불사르고 다시 화려하게 태어나는 불사조처럼 활활 타오르고 있을 것이다.

네트워크마케팅 비즈니스의 성공은 교육에 있다. 교육을 하라. 멋진 강사가 되어라. 10분을 하더라도 열정적으로 하라. 30분을 하더라도 당신의 모든 것을 걸고 하라. 1시간을 하더라도 죽어도 여한이 없을 정도로 하라. 당신의 열정적인 눈빛이 파트너들을 꿈꾸게 할 것이다. 당신의 불타는 입술이 파트너들에게 용기를 줄 것이다. 당신의 기(氣)에 넘친 몸짓이 파트너들에게 미래를 만들어줄 것이다.

교육을 하라. 당신이 성공하고 싶어 어쩔 줄 모르는 만큼 교육을 하라. 당신의 파트너들이 성공하고 싶어 하는 것보다 더 많이 교육을 하라. 당신의 한마디, 한마디에 좌절감에 빠져 있던 수많은 사람의 마음이 열린다는 믿음을 갖고 교육을 하라.

집중력을 계발하라

네트워크마케팅에서 항상 듣는 말 중의 하나가 "누구나 성공할 수 있다"는 것이다. 당신은 이 말을 얼마나 신뢰하는가? 네트워크마케팅 비즈니스 현장에서 직접 뛰고 경험하면서 그 말이 피부에 와 닿는가? 만약 당신이 1년 이상 네트워크마케팅 비즈니스를 경험했다면 '여기에도 학벌, 인맥, 실력이 있어야 한다'라는 고정관념이 만들어져 있을 것이다.

정말 그럴까? 그런데 왜 경험이 더 많은 성공자는 항상 "누구나 성공할 수 있다"라고 말하는 것일까? 이것은 당신이 고민해보아야 할 문제이다. 분명 정답은 많은 경험자에 의해 확인되었지만, 성공을 바라는 당신이 정답의 원리를 풀지 못하면 성공은 당신과 상관없는 것이 되어 버릴 수 있기 때문이다.

네트워크마케팅에서 성공하려면 여러 가지 성공 테크닉을 익혀야 하지만, 가장 쉽고 빠른 방법은 지금까지 성공한 사람들이 어떤 과정을 밟아왔는지 알아보는 것이다. 성공자가 주최하는 각종 미팅(세미나, 워크숍 등)에 참석하면 그들의 살아있는 성공 노하우를 배울 수 있다. 또한 그들이 저술한 책을 읽으면 주옥같은 성공테크닉을 익힐 수 있다.

그런데 세미나에서든 책에서든 뚜렷하게 나타나지 않으면서도 결코 빼놓을 수 없는 대단히 중요한 성공요소가 있다. 그것은 그들의 일상생활과 비즈니스를 오랜 시간 곁에서 지켜보아야만 알 수 있다. 그 요소 중 하나가 '집중력'이다.

핵심은 한 우물에 있다

"한 우물을 파라"는 속담은 어떤 일이든 '집중'을 하라는 교훈을 담고 있다. 어차피 해야 할 일이라면 이리 재고 저리 재면서 게으름이나 요령을 피우지 말고 '할 때 열심히 하라'는 뜻인 것이다. 조상들의 이러한 지혜는 네트워크마케팅에서 빼놓을 수 없는 성공요소이다. 바로 '집중력'이 당신이 풀어야 할 문제인 것이다.

학력, 환경, 인맥 등이 화려하지 않고 극히 평범한 수준의 사람이라면 네트워크마케팅에서 성공할 수 있는 원리는 '집중력'에 있다. 이것은 복잡한 수학원리, 회계, 경영, 경제원리를 몰라도 노력만으로 충분히 계발될 수 있는 쉬운 것이기 때문이다. 그러면 집중력을 계발하기 위해서는 어떻게 해야 할까?

집중력을 계발하는 첫 번째 요소는 '꿈'이 무엇인지 곰곰이 생각해보는 것이다.

어린 시절, 당신은 아마도 대통령, 장군, 과학자, 의사 등을 꿈꾸며 자신감 있게 생활했을 것이다. 그러다가 성인이 되면서 현실적인 여러 가지 제약이나 환경적 조건으로 꿈과 먼 생활을 하다 보니 어느 순간 꿈이 불가능한 것으로 전락해버렸을 것이다.

그래도 몇몇 사람은 어린 시절의 꿈을 이루기 위해 불가능한 여건을 이겨내고 멋진 결실을 얻기도 한다. 이들이 불가능을 이겨낼 수 있었던 것은 꿈을 이루고 싶은 의지가 뚜렷했기 때문이다. 결실의 가치를 알고 집중했던 것이다.

이제 당신의 꿈이 무엇인지 하얀 종이에 크게 적어보라. 그것을 진지하게 적는 순간 당신의 심장이 고동치는 것을 느낄 수 있을 것이다. 진정으로 그 꿈을 이루길 바라는 마음으로 뚫어지게 바라보라. 성공에 대한 강렬한 의지가 당신을 '집중'하게 해줄 것이다. 당신이 이루고 싶은 꿈이 다른 어떤 것보다 훨씬 더 가치 있다고 생각된다면 당신은 '한 우물'을 팔 수 있다.

네트워크마케팅에서 성공한 많은 백만장자가 모든 것을 잃고 초라해져 있을 때 우연히 다가온 네트워크마케팅 기회를 접하고 잃었던 꿈이 되살아나는 감격에 며칠 동안 잠도 제대로 이루지 못하며 비즈니스를 시작했다고 말한다. 그것은 바로 '가능성에 대한 흥분'이 일어났기 때문이다. 당신이 하얀 종이에 적은 꿈이 당신을 흥분하게 하고 움직이게 만들 것이다.

성공의 작은 변화, 습관

집중력을 계발하는 두 번째 요소는 철저하게 '하루일과표'를 작성하는 것이다. 성공을 바라면서도 그것을 이루지 못하는 사람을 보면 마음은 청춘인데 몸은 노인인 생활을 하고 있다. 세미나를 듣고 금방이라도 수십 층짜리 빌딩을 지을 수 있을 것처럼 가능성을 느꼈다가도 고객 몇 명을 만나 시원찮은 반응을 보면 자신감이 와르르 무너지고 마는 것이다.

이러한 현상이 반복되면서 이들은 자신도 모르는 사이에 네트워커가 아니라 네트워크마케팅의 허상을 쫓는 단순 실업자 생활을 하게 된다.

당신 주변의 네트워커 중 성공한 사람들을 살펴보라. 기분이 좋으면 일하고, 기분이 나쁘면 일하지 않는가? 고객 몇 명을 만난 뒤 마음이 상하면 그 이후의 시간을 그대로 낭비해버리는가?

성공한 네트워커는 하루 일과가 뚜렷하다. 그들은 늘 자기 페이스를 유지하며, 일이 될 때까지 마냥 기다리는 것이 아니라 일이 될 수 있도록 꾸준히 찾아다닌다.

하루 일과를 열정적이고 활기차게 시작하기 위해 성공 프로그램 혹은 성공 서적을 일정 분량만큼 학습하라. 그중 가장 마음에 드는 내용을 만나는 모든 사람에게 이야기하라. 사업 파트너든 고객이든 처음 만나는 사람이든 상관없다.

오전에는 당신의 팀(업 라인 또는 다운라인 조직)에서 실시하는 팀 미팅에 참석하라. 팀의 미래가 당신의 미래이자 네트워킹이다. 그들 속에서 당신이 원하는 성공 테크닉을 배워라. 또한 매일 아침 상쾌하고 명랑한 목소리로 고객과 전화 인사를 나눠라. 스폰서와 대화하고 어떤 사람이든 생각나는 사람에게 밝은 목소리를 전달하라.

오후에는 정기 세미나 시간을 최대한 활용하라. "그거 다 아는 내용인데 뭐", "그 강사가 하는 말 죄다 똑같아", "나하고 상관없는 세미나야" 하며 따지지 말라. 매일 실행되는 세미나가 네트워크마케팅에서 성공하는 지름길의 처음이자 끝이라는 것을 명심하라. 몇 시간 되지 않는 그 세미나에 회사의 모든 것이 담겨 있고 네트워크마케팅의 과거, 현재, 미래가 들어 있다. 그리고 강사의 모습은 바로 성공한 당신의 미래 모습이다.

점심이나 저녁식사 시간을 활용해 매일 한 사람 이상 프로스펙팅(예상고객 찾기)이나 리크루팅(회원 가입)을 하라. 앉아서 기다리는 사람치고 성공한 사람을 보지 못했다. 네트워커는 고객에게 기회를 만들어주어야 한다는 점을 기억하라.

저녁에는 스폰서가 주최하는 각종 교육에 참석하라. 네트워크마케팅은 혼자서 하는 비즈니스가 아니라는 것쯤은 알고 있을 것이다. 성공 노하우를 충분히 전수하려면 '교육' 시스템을 적극 활용해야 한다. 최대한 많은 시간과 노력을 교육에 투자하라. 매일 변화하는 당신을 느낄 수 있을 것이다. 매일 새롭게 네트워크마케팅 비즈니스가 당신에게 다가설 것이다.

이처럼 네트워크마케팅에서 성공하는 역할을 하루 종일 반복하라. 그것이 바로 '집중력'을 계발하는 방법이다. 당신이 얼마만큼 집중력을 계발하는가에 따라 네트워크마케팅의 성공 시간은 달라진다. 만약 짧은 시간에 확실한 집중력을 발휘한다면 당신은 네트워크마케팅의 위력을 깨달을 수 있을 것이다.

스폰서는 위대한 리더

네트워크마케팅에 입문한 대다수의 초보 네트워커가 접하는 어려움 중 하나가 과거의 경험과 지식이 무시되는 듯한 네트워크마케팅의 독특한 문화이다. 이러한 현상은 네트워크마케팅이 수십 년 혹은 수년간 진행되면서 자연스럽게 생겨난 일이다.

네트워크마케팅에서는 과거에 다양한 계층에서 활동했던 사람들이 여러 채널을 통해 참여하다 보니 각자의 경험과 지식을 활용해 비즈니스를 하게 된다. 처음엔 무점포, 무자본, 무경험이란 엄청난 기회에 자신의 노력만 보태면 어디에서도 이룰 수 없는 백만장자의 꿈을 현실로 만들 수 있을 것 같은 기분에 밤낮없이 뛰게 된다. 그러다가 곧 커다란 장해물에 부딪힌다.

네트워크마케팅 비즈니스의 상대는 '사람'이고 사람은 하루에도 몇 번씩 마음이 바뀌는 존재이다. 그러므로 욕심을 내고 있는 자신과 그 욕심이 이득이 될지 손해가 될지를 저울질하는 프로스펙트와의 신경전에서 평범한 초보 네트워커는 지치게 마련이다. 심지어 가깝게 지내던 사람들에게 "이런 일 아무나 하는 게 아니다", "어쩌다 이런 일에 빠져 들었느냐? 빨리 빠져나와라", "집안 말아먹기 전에 일찌감치 집어치워라", "너 그러다가 패가망신한다", "창피하니까 아는 척 하지 마라" 등과 같은 충고, 회유, 질책, 모욕을 받기 일쑤다. 비전에 대한 확신과 열정만 가지고 미래를 위해 뛰다 보니 세상 사람들 눈에 비친 자신의 모습을 돌아볼 겨를이 없었던 것이다.

아픔을 극복하고 나면 그만

네트워크마케팅은 분명 합리적이고 과학적인 첨단 비즈니스이다. 그러나 그 본질을 정확히 알기 전에는 마치 불로소득을 노리는 사람들의 모임, 사람을 유혹해 돈을 버는 음성적인 집단, 세뇌교육을 통해 사람들을 이상하게 만드는 사이비 종교단체 같은 조직으로 잘못 이해하고 있는 것이 현실이다.

그런 사람들에게 다가선 초보 네트워커가 깊은 좌절감을 느끼는 것은 당연하다. 이들은 결국 수없이 깨지고 난 뒤에 스폰서에게 도움을 요청한다. 스폰서들은 그런 아픔을 모두 겪어 내공이 쌓인 프로인지라 사람들에게 어떻게 다가서야 하는지 꼼꼼한 부분까지 알고 있기 때문이다. 사실, 네트워크마케팅에서는 사회에서 쌓은 경험과 지식이 오히려 장해물이 될 수 있다. 이론과 지식보다는 경험이 많은 스폰서의 말을 따르는 것이 훨씬 합리적이기 때문이다.

이러한 사실을 깨달은 초보 네트워커는 스폰서를 충실히 따르고 파트너의 역할을 다하게 된다. 좀더 활발하게 활동하는 큰 그룹은 마치 일사불란하게 움직이는 군대처럼 강력한 위계질서가 세워지기도 한다.

그런데 사업설명회나 세미나에 처음으로 초대받은 사람은 이 부분을 잘 이해하지 못한다. 명문대를 나와 사회에서 인정받는 위치에 있던 엘리트가 가까운 사람이 스폰서라고 소개한 사람 앞에서 쩔쩔매는 모습이나 마치 높은 사람을 모시듯 떠받드는 행동을 보고 무슨 사이비 집단의 교주라도 되는가 싶어 황당해하는 것이다. 그리고 자신을 초대한 사람이 세뇌교육을 받은 모양이라고 생각하며 자칫 잘못하면 자신도 그 그룹의 일원이 되어 시키는 대로 해야 하지 않을까 하고 경계를 한다. 그러니 네트워크마케팅을 쉽게 생각해 열정과 확신만으로 열심히 뛰었던 초보 네트워커가 가까운 사람들에게 깨지는 것은 당연한 일이다.

초보 네트워커는 그러한 아픔을 겪으며 그리 잘나 보이지도 않고 금방 추월할 수 있을 것 같던 스폰서를 위대한 존재로 인식하게 되고 점점 네트워크마케팅의 매력에 빠져들게 된다.

어느 정도 시간이 흐르면 다양한 경험과 지식, 실력이 그런 아픔을 겪으며 하나의 색을 띠게 되는데 이것이 바로 '시스템'이 형성되는 과정이다. 이때부터는 개인적인 경험과 지식으로 비즈니스를 펼치는 것이 아니라 그룹의 시스템으로 네트워킹을 하게 되고, 그것이 폭발적인 시너지 효과를 내 매출이 급상승하게 된다.

교만이 화를 부른다

 각자 뚜렷한 색을 띠고 있던 각계각층의 사람들이 참가해 성공을 위한 노력을 기울이다 보니 어느새 파스텔 계통의 색을 띠게 되는 것이 바로 '복제의 마술'이자 네트워크마케팅의 위대함이다.

 -하지만 시대는 물론 사람 역시 계속 변한다. 따라서 시스템의 변화가 일어나지 않는 한 완벽하다고 생각했던 조직도 어느 순간 모래성처럼 무너질 수 있다. 조직의 리더가 안전하다고 목에 힘을 주며 방심하고 있을 때 조직은 순식간에 무너질 수 있는 것이다. 왜 그럴까? 조직은 '생각하는 사람들'로 구성되어 있고 그들은 '욕심'의 굴레에서 벗어나지 못하기 때문이다.

 비싼 수업료를 내고 결국 스폰서의 말이 성공하는 데 훨씬 효과적이라는 것을 깊이 깨달은 초보 네트워커는 시스템의 절대적인 신봉자가 된다. 다운라인 중에 자신과 같은 생각을 하는 사람을 만나면 입에 침이 마르도록 자신의 과거사와 시스템의 중요성을 강조하며 시행착오를 미연에 방지하려는 사명감을 불태우기도 한다.

 그런 마음이 초지일관(初志一貫)하면 얼마나 좋을까? 어느덧 그 초보 네트워커는 시스템을 통한 조직의 활성화와 직급의 상승으로 거의 탑 리더 수준까지 올라가게 된다. 그리고 시스템의 선두주자로서 또한 각종 행사, 해외 세미나, 특별 연회 등의 모범사례로서 많은 사람의 존경을 받게 된다.

 그렇게 여기저기에서 결과에 대한 찬사와 더불어 최고리더로 인정해주기 시작하면 생각이 달라지기 시작한다. 물론 모든 리더가 그런 것은 아니지만, 자신의 훌륭한 역사를 만드는 데 음으로 양으로 공을 들였던 스폰서나 그룹 시스템의 위대함을 낮추고 자만심에 빠져드는 것이다.

이런 현상을 '오너병(an owner illness)' 또는 '헤드병(a head illness)'이라고 한다.

네트워크마케팅의 성공요소 중 가장 중요한 부분은 '어떤 사람을 만나느냐?'에 달려 있다. 아무리 실력이 있고 경험이 많아도 어떤 스폰서를 만나느냐에 따라 그 실력과 경험이 백만장자가 되기 위한 도구로 쓰일 수도 있고 피라미드 조직의 우두머리가 되기 위해 쓰일 수도 있다.

백만장자가 되어도 결코 잊지 않아야 하는 것은 스폰서에 대한 고마움이다. 그들이 있었기에 당신이 꿈과 희망을 갖게 되었고, 그들이 있었기에 용기와 도전이 만들어진 것이다. 그리고 그들이 있었기에 성공과 행복을 찾을 수 있었던 것이다.

당신이 진정한 네트워커, 진정한 리더라면 당신의 그 귀한 존재감을 깨닫게 하고 잠재력을 발휘하게 한 스폰서의 위대함을 절대로 잊지 말라.

시스템에도 혁신이 필요하다

 네트워크마케팅을 즐겁고 재미있게 풀어가는 가장 좋은 방법은 예상고객에게 인정을 받으며 비즈니스를 펼치는 것이다. 나아가 네트워크마케팅 비즈니스를 하고 있는 당신 자신이 예상고객에게 부러움의 대상이 되는 것이다. 과연 가능한 일일까? 특히 몇 번이고 주위 사람에게 외면을 당해본 초보 네트워커라면 이러한 상황을 간절히 원할 것이다.

 물론 가능하다. 이미 좋은 결과를 만들었고 인정을 받고 있는 대표적인 네트워크마케팅 회사나 모범적인 그룹에서는 그것이 일상적인 일이다. 그들은 네트워크마케팅을 당당하고 즐겁게 하고 있다. 하루하루를 성공적이고 행복하게 지내고 있다. 무엇이 그들을 그렇게 만들었을까?

 그것은 바로 도구이다.

 역사적으로 도구를 갖고 있던 민족은 그렇지 못한 민족을 지배해왔으며 신기술, 새로운 도구를 개발한 국가는 그렇지 못한 국가보다 훨씬 앞서 경제를 지배해왔다. 인류 역사는 도구를 활용하면서 발전을 거듭해왔고 지금도 새로운 도구가 속속 만들어지면서 세상을 변화시키고 있다.

 네트워크마케팅도 예외는 아니다. 정보를 전달해 예상고객이 쓰고 있던 생활용품 등을 저렴하고 품질 좋은 제품으로 바꿔 쓰게 하고 시간적 자유와 경제적 독립, 자아계발, 여행 등을 동시에 누릴 수 있는 사업기회를 주는 것이 네트워크마케팅 아닌가?

예상고객이 이 모든 것을 가능하다고 생각하도록 하려면 이미 입증된 성공적인 결과를 보여주어야 하는데, 그러한 결과를 정리해서 모아놓은 것이 책, CD 등과 같은 도구이다.

내가 여러 회사와 그룹을 컨설팅하면서 느꼈던 것 중 하나가 도구의 활용에 따른 성패의 차이 그리고 문화의 차이였다. 자타가 공인하는 성공적인 회사나 그룹에서는 놀랄 만큼 풍부하고 다양한 도구를 모든 네트워커가 활용하고 있었고, 그렇지 못한 회사나 그룹은 도구의 필요성조차 느끼지 못하고 네트워커의 개인기에 의존하고 있었다.

도구를 잘 활용하고 있는 그룹은 네트워커 각자가 고객을 잘 관리하는 덕분에 리더가 한결 수월하게 조직을 관리하는 것은 물론, 직급이 상승할수록 시간적 자유를 충분히 누리고 있었다. 그렇지 못한 그룹에서는 모든 정보와 노하우를 리더가 전달해야 하는 터라 직급이 상승할수록 오히려 전국 방방곡곡을 뛰어다니며 시간의 노예로 지내고 있었다. 또한 특정 리더만 성공하고 복제가 어려워지는 결과도 함께 만들어버렸다.

그러면 네트워크마케팅에서 성공할 수 있는 가장 쉽고 단순한 방법인 도구를 활용하는 방법을 알아보자.

책은 기본이다

 첫째, 베스트셀러를 준비한다. 시간에 쫓기는 현대인에게 좋게 인식되는 것이 베스트셀러이고 각종 매스컴에 소개되기 때문에 당신이 베스트셀러를 읽거나 그 책을 예상고객에게 빌려준다면 그들에게 좋은 인상을 남길 수 있다. 또한 시대를 앞서가는 사람, 항상 깨어있는 사람으로 보일 수도 있다.
 둘째, 성공과 관련된 책을 준비한다. 모든 예상고객이 성공을 갈망하지만 당신처럼 곧바로 실천에 옮기는 사람은 거의 없다. 따라서 성공과 관련된 책을 준비하는 것은 성공에 대한 당신의 열정과 의지를 보여줄 수 있는 좋은 방법이다.
 셋째, 네트워크마케팅과 관련된 책을 준비한다. 예상고객에게 당신이 막연하고 무모한 피라미드 세계에 빠져있지 않다는 것을 확실히 보여줄 수 있는 방법이다. 세계적인 유통 흐름을 정확히 이해하고 미래에 대한 명확한 비전을 느끼며 일하고 있다는 것을 인식시켜 줄 수 있다.

눈에 띄는 잡지

 첫째, 경제 또는 유통과 관련된 잡지를 준비한다. 네트워크마케팅은 경제나 유통과 각별한 관계가 있고 특히 무점포 프랜차이즈 시스템이라 할 수 있기 때문에 사람들이 민감하게 생각하는 경제 문제와 맞물려 유통 흐름의 한 축을 네트워크마케팅이 담당하고 있다는 것을 인식시켜 줄 수 있다.

둘째, 성공과 관련된 잡지를 준비한다. 매달 정기적으로 성공과 관련된 최신 소식을 접할 수 있고 그 정보를 공유하는 것만으로도 미래 지향적이고 진취적으로 사는 모습을 보여줄 수 있다. 예상고객에게 흥밋거리를 제공해 정기구독을 유도하는 지혜도 필요하다. 그러면 매달 잡지가 당신이 해야 할 예상고객의 자아계발을 대신 해주게 되는 간접 스폰서링을 할 수 있다.

셋째, 네트워크마케팅과 관련된 잡지를 준비한다. 네트워크마케팅의 세계적인 흐름과 한국 네트워크마케팅의 현재 상황, 네트워크마케팅 전문가의 조언, 성공자의 성공 스토리 등을 매달 접할 수 있다. 현실적이면서도 정확한 정보에 의한 비즈니스를 하고 있다는 것을 당신의 예상고객에게 보여줄 수 있다.

가장 적합한 오디오와 CD

첫째, 경제 또는 유통과 관련된 CD를 준비한다. 경제, 경영 전문가로부터 세계적 경제 흐름과 비전이 있는 사업에 대한 견해 및 해결책 등을 생동감 있는 목소리로 전달받을 수 있다. 차를 운전할 때, 버스나 전철로 이동할 때, 집에서 시간이 날 때 언제든 쉽게 이용할 수 있는 도구이기 때문에 책이나 잡지보다 훨씬 강력한 효과를 얻을 수 있다.

둘째, 성공과 네트워크마케팅에 관련된 CD를 준비한다. 성공 동기부여가, 네트워크마케팅 전문가; 네트워크마케팅 비즈니스 성공자 등의 강연과 이야기를 담은 CD는 네트워크마케팅에 관련된 모든 사람에게 반드시 필요하다. 특히 네트워크마케팅 성공자의 생생한 경험을 직접 보고 듣는 것은 그 어떤 성공원리보다 피부로 강하게 느낄 수 있어 예상고객의 고정관념을 가장 빨리 바꾸는 역할을 한다.

만약 당신이 다른 사람보다 빠르고 큰 성공을 원한다면 그만큼 더 많은 도구를 준비해야 한다. 도구가 다양하고 세련될수록 당신의 비즈니스는 지금보다 훨씬 수월해지고 당신의 그룹은 더욱 다양하고 세련된 사람들로 채워질 것이다.

중요한 것은 도구를 완벽하게 마스터해야 한다는 것이다. 도구는 당신이 고객과 파트너들에게 전달하고 또한 공유하고자 하는 정보를 간접적으로 알려준다. 따라서 도구의 내용을 완벽하게 이해하지 못하면 오히려 역효과가 날 수도 있다. 당신의 멋진 미래가 훌륭한 성공 시스템 도구에 있다는 것을 기억하고 그것을 최대한 활용하라.

이미지로 나를 밝혀라

인간관계가 성공의 핵심이라 할 수 있는 네트워크마케팅에서 좋은 성과를 얻으려면 무엇보다 고객이 감동을 받도록 '신뢰'에 바탕을 둔 팀워크 비즈니스에 역점을 두어야 한다. 물론 신뢰를 얻기 위해서는 적지 않은 시간이 필요하며 이것은 초보 네트워커에게 쉽지 않은 일이다. 하지만 '이미지'로 승부를 하면 짧은 시간을 투자해 신뢰를 얻을 수 있다. 다음은 성공적인 이미지 비즈니스의 실제 사례이다.

고객은 우리가 지난 여름에 한 일을 알고 있다

맑은 하늘과 시원한 바람이 어우러진 상쾌한 초여름, A 사장과 그의 파트너들은 오전 팀 미팅을 마치고 자주 들렀던 레스토랑을 찾았다. 그곳은 테헤란로의 거대한 빌딩 숲에서 일하는 수많은 직장인을 위해 낮에는 일반 식당처럼 간편한 식사를 제공하고 저녁에는 원래대로 차와 음료, 양식을 판매했다.

A 사장과 그의 파트너들은 적당한 자리에 앉아 각자 먹을 것을 주문하고 기다리며 미팅에서 나왔던 이야기와 전날 후원한

고객에 대한 이야기를 주고받았다. 잠시 후, 주문한 음식이 나오자 모두들 눈이 휘둥그레졌다. 음식의 양도 많고 반찬도 다른 테이블보다 몇 가지가 더 나왔기 때문이다.

"사장님, 혹시 이쪽에 음식이 잘못 나온 것 아닌가요? 양이 꽤 많네요?"

일행 중 한 명이 여주인에게 소리치자, 여주인은 미소를 머금고 다가와 나직이 말했다.

"아이참, 그렇게 큰소리로 말씀하시면 어떡해요? 다른 사람들이 듣겠네요. 일부러 많이 드렸으니까 양껏 드세요."

그리고는 재빨리 다른 테이블로 주문을 받으러 갔다. 그들은 특별대우에 의아해하면서도 기분 좋게 식사를 하며 다시 이야기를 이어갔다.

식사시간이 끝날 무렵, 주위의 테이블이 거의 비어가자 A 사장팀은 주인에게 양해를 구하고 좀더 넓은 자리로 이동해 간단하게 미팅을 시작했다. 그런데 그들이 미팅을 하는 테이블과 가까운 한쪽 테이블에서 그 여주인이 살며시 그들의 미팅 내용을 경청하고 있는 것이 아닌가?

잠시 후, 그 여주인은 정성스럽게 깎은 여러 가지 과일을 미팅 테이블 중간에 갖다 놓았다. 다들 놀란 표정을 하자 그 여주인은 "미팅하시는 모습이 좋아 보여서 그러는 거니까 놀라지 마세요. 돈 안 받는 거예요" 하며 장난스럽게 활짝 웃었다.

A 사장은 그 주인의 배려에 감사하며 파트너들 사이에 앉으라고 했다. 그리고 친절하게 대해 주는 이유가 있을 것 같은 데 들려줄 수 없느냐고 물었다. 여주인은 잠시 머뭇거리다 말문을

열기 시작했다.

고객은 내가 만드는 법이다

"저는 지금까지 여기에서 3년간 레스토랑을 운영해왔어요. 주로 이 근처에서 일하시는 분이 많이 찾아오시는데, 대기업에 있는 분과 네트워크마케팅을 하는 분이 대부분입니다. 특히 네트워크마케팅을 하는 분들은 저를 볼 때마다 제품을 사라고 하거나 회원 등록을 권하고 사업설명회를 한번 들어보라며 귀찮을 정도로 설득을 했어요.

그러다가 우리 레스토랑 단골 중 리더라고 하는 분의 요청으로 이 빌딩 3층에 있는 회사에 올라가 사업설명회도 듣고 예의상 제품도 구입해서 써봤지요. 지금은 오시기만 하면 사업 이야기를 하시는 통에 제가 하는 일에도 지장이 많습니다.

그런데 A 사장님은 같은 회사에서 활동하시는 걸로 알고 있는데, 저를 설득하려고 하지도 않았고 음식을 주문할 때도 저희의 편의를 위해 서로 도와주셨지요. 미팅을 할 때도 다른 사람들에게 피해가 가지 않도록 조심하는 모습을 보았습니다.

얼굴에는 항상 미소가 가득하고 누가 이야기를 할 때는 모두가 진지하게 듣는 모습이 보기 좋았습니다. 가방이나 옷도 타인에게 피해가 가지 않게 잘 정리해서 한쪽에 놓고 미팅하는 것을 보면서 '같은 일을 하는 사람들인데 어찌 저렇게 다를 수가 있지?' 하면서 오실 때마다 궁금했습니다.

반찬을 다시 주문할 때도 항상 아줌마가 아닌 '사장님!'이란 호칭을 썼고, 갖다 드리면 '감사합니다!' 하고 말씀해주셔서 '아, 이 사람들은 보통 분들이 아니다'라는 생각을 하게 되었지요. 이왕 얘기가 나왔으니 말인데 혹시 저도 이 팀에 끼워줄 수 있으신가요?"

느닷없는 제안에 그들은 모두 깜짝 놀랐다. A 사장이 차분하게 상황을 수습했고 여주인의 바람대로 그녀를 팀의 일원으로 받아들이기로 했다. 모두가 박수와 환호로 그녀를 환영했으며 여주인은 다시 한번 감사를 표했다.

다음으로 A 사장과 그의 파트너들은 누가 그녀의 스폰서가 되는 것이 좋을지 의견을 나누었는데 상당히 짧은 시간에 정해졌다. 여주인의 상황을 잘 이해하고 틈틈이 많은 시간을 함께할 수 있으며 취미와 성격이 비슷해서 즐겁게 비즈니스를 할 수 있을 것 같은 B 씨가 추천을 받았던 것이다.

B 씨는 함께 일할 수 있게 되어 정말 기쁘며 최선을 다해 스폰서 역할을 하겠다고 환영의 메시지를 전달했다. 그리고 여주인도 멋진 팀의 일원이 되어 기쁘고 선배들이 만들어놓은 시스템을 잘 따라갈 것이며 많은 기대가 된다고 답했다. 레스토랑에서는 다시 한번 환영식과 축하파티로 흥겨운 분위기가 연출되었다.

나를 바꾼 이미지

최근 네트워크마케팅 현장에 있는 네트워커들은 비즈니스가 예전처럼 수월하지 않다는 것을 피부로 느낄 것이다. 수출 실적으로 보면 경제 불황이라고 말하기가 무색하지만 가계 부채나 세금 상승, 물가불안 등으로 일반인들의 실질적인 주머니 사정이 여의치 않다보니 그 여파가 네트워크마케팅에 참여하는 신규 회원에게도 영락없이 적용되고 있다. 이에 따라 많은 네트워커가 당장 눈앞에 보이는 수익이 발생하는 곳을 찾거나 엉뚱한 곳에 투자하기도 한다.

아무리 사정이 어렵고 시대가 변했다 해도 네트워크마케팅의 본질은 제품의 체험을 통해 만들어진 신뢰를 바탕으로 제품과 기회를 전달하는 데 있다. 그런 과정으로 회원이 계속 늘어나고 재구매를 통한 지렛대 효과가 일어나야 백만장자를 꿈꿀 수 있는 것이다. 나아가 수많은 사람을 관리하는 과정에서 계발되는 잠재력과 리더십으로 보다 성숙해질 수 있다.

네트워크마케팅의 본질과 기본을 지키며 먼 미래를 보고 성공을 꿈꾸는 네트워커라면 현재 주위에서 편법으로 비즈니스를 하고 있는 유사한 네트워커와 차별된 비즈니스로 승부를 걸어야 한다. 그들은 금방이라도 하늘에서 돈주머니가 떨어질 것처럼 이야기하고 있으며, 돈을 투자하면 가만히 있어도 통장에 매일 돈이 들어온다고 현혹하고 있다.

이런 때일수록 기본으로 돌아가 네트워크마케팅의 멋진 모습을 보여주어야 한다. 수십 년간 세상의 변화를 주도해왔고, 20여 년간 우리의 라이프스타일과 의식을 바꿔온 네트워크마케팅의 위력을 당당하게 알려야 한다. 21세기에는 세련되고 전문적인 비즈니스 이미지로 승부해야 성공할 수 있다는 것을 반드시 느끼게 해주어야 한다.

헤어스타일을 깔끔하게 하라. 백만 불짜리 미소를 지어라. 항상 정장을 입고 다녀라. 목소리를 맑고 세련되게 만들어라. 비즈니스 가방을 들고 다녀라. 가방에 사업설명 파일, 데몬스트레이션 도구를 넣고 다녀라. 웃는 사진이 담긴 이미지 명함을 준비하라. 매일 구두를 깨끗이 닦아라. 약속시간을 철저히 지켜라. 제품의 효과를 말하라.

당신은 네트워커로서 전문가가 되어야 한다. 시대의 흐름을 주도하는 세련된 컨설턴트가 되어야 한다. 개인적 가치와 그룹의 가치를 통해 미래를 이야기하는 동기부여가가 되어야 한다. 당신이 진정 전문 네트워커가 되고자 한다면 이미지로 승부하라!

유능한 코치가 되어라

오늘날 리더의 경쟁력은 지적 자원 개발을 촉진하기에 적합한 학습 환경을 만드는 능력에 달려 있다. 따라서 리더는 개인의 창의력을 발휘할 수 있는 환경을 만드는 법을 배워야 한다. 지난날 단지 일을 지시하기만 했던 많은 CEO가 이런 능력을 갖추지 못했다. 하지만 이제는 진정한 리더가 되는 법을 배워야 한다. 즉 도전에 직면하고 그것을 극복하면서 신뢰할 만한 리더십을 갖춰야만 하는 것이다.

네트워크마케팅은 일반 조직과 사뭇 다른 특성을 지니고 있다. 특히 '인맥유통'이라는 사람 중심의 마케팅이기에 어떤 조직보다 리더의 역할과 특별한 리더십이 필요한 비즈니스다. 또한 네트워크마케팅의 성장은 교육을 통한 복제로부터 이루어지기 때문에 학습하는 방법을 배우고 창조적인 리더가 될 수 있도록 많은 노력을 기울여야 한다. 그럼에도 조직이 창조적인 리더를 개발하지 않는 이유는 무엇일까? 이는 아마도 시스템에 대한 의심 때문일 것이다. 조직은 변화의 시기가 닥쳐 혼란이 생기는 것을 좋아하지 않는다. 하지만 변화의 시기에 살아남으려면 버나드 쇼의 말을 기억하는 것이 좋을 것이다.

"모든 위대한 업적은 세상을 자신에게 맞추려는 특이한 자에 의해 이루어진다. 반면 평범한 사람은 자신을 세상에 맞춘다."

리더에게 더 많은 역할을 부여할수록 리더십 자질은 더욱 계발된다. 따라서 잠재적 리더를 그들의 역할과 관련된 모든 부분에 참여시켜야 한다. 이들을 이끄는 리더는 항상 야망과 능력, 정직이 조화를 이뤄야 한다는 사실을 기억해야 한다. 야망만 가진 리더는 선동적인 정치가가 되기 쉽다. 능력만 갖춘 리더는 조직의 혼을 파괴하는 리더가 되기 쉽다.

'경청'은 결정적이다

리더가 모든 필요한 방법과 기술을 갖고 있는 것은 아니다. 그럼에도 그들이 능력을 발휘할 수 있는 것은 자신의 조직원을 활용하고 조직원의 지력을 이용할 줄 알기 때문이다. 또한 이것은 오늘날 리더의 중요한 임무이기도 하다.

배움은 건강한 사람이 되는 과정과 비슷하다. 셰익스피어는 "배움은 인간의 본성이다"라고 말했다. 리더십은 배워 익혀야 하고 훌륭한 코치는 학습을 촉진시키기 위한 경험적인 환경을 제공할 수 있어야 한다. 코치는 학습자의 자존심을 지켜주면서 성과를 향상시키는 충고와 피드백을 제공해야 하는 어려운 존재이다.

대부분의 사람은 그리 개방적이지도 못하고 솔직하지도 않다. 또한 늘 조언을 받으면서도 변화하지 못하는 사람도 있다. 그 이유는 지지를 얻지 못하는 데 따르는 두려움이나 상대방의 비난,

적대감이 두려워서이다. 그래서 그들은 눈속임과 꼼수, 그 밖의 술수나 이간질을 꾸미기도 한다. 만약 리더가 이런 모습을 보인다면 조직원은 그 리더에게 충언을 해주지 못한다.

실제로 지난 20년간 수백 명의 관리자를 조사한 연구 결과에 따르면 약 70퍼센트가 리더의 일이 실패할 것을 알면서도 피드백이나 충고를 하지 못한 것으로 나타났다. 따라서 코치가 지켜야 할 첫 번째 원칙은 '훌륭한 경청자'여야 한다는 것이다. 다른 사람의 이견에 귀를 기울이고 그들이 그런 말을 하게 된 근원에 눈을 돌려야 한다.

간혹 초보 네트워커였을 때는 무엇이든 배우려 하고 배운 것을 적극 행동으로 옮겨 승승장구한 사람이 "개구리 올챙이 시절을 모른다"는 말처럼 창조적인 리더가 되기를 거부하기도 한다. 자신이 현재의 리더가 될 수 있었던 것은 스폰서나 리더들의 성공원리를 배우고 익혀 실전에 적용한 결과인데, 그것을 잊고 그룹 구성원에게 자기 방식을 강요하거나 교육에 대한 필요성보다 그냥 열심히 일만 하기를 바라는 것이다.

리더십의 기본은 타인의 마음과 틀을 변화시키는 능력이다. 이것은 쉬운 일이 아니지만 타인의 말에 귀를 기울이는 것만이 그들을 변화시킬 수 있는 유일한 방법이다.

사람들은 보통 경험적으로 리더십을 배우는데 그 근원지는 대개 개인적, 조직적 배경이다. 개인은 먼저 훌륭한 리더가 되겠다는 야망을 가져야 하며 이러한 동기 없이는 네트워크마케팅에서 아무것도 이룰 수 없다.

직급이 점점 높아지면 초보시절에 경험하지 못했던 것을 자주 접하게 된다. 사실, 네트워크마케팅 비즈니스를 시작하기 전에는 다른 사람들의 경험이나 지식, 철학, 성격, 리더십 등에 대해 특별한 관심을 두지 않았을 것이다. 심지어 관심을 둘 필요가 없었을지도 모른다.

 하지만 네트워크마케팅의 리더가 되면 경험, 지식, 철학, 성격, 종교, 나이, 성별 등이 다른 수많은 사람과 거의 매일 신경전을 벌여야 한다. 조직을 더 성장시키기 위해서는 오히려 그들의 사소한 이야기, 쓸데없는 이야기도 들어야 한다. 그들이 안고 있는 문제가 모두 거기에 녹아 있기 때문이다.

 리더로서 그들에게 올바른 방향을 제시하려면 그들의 생활에 배어 있는 사소하고 쓸데없는 것에서 해답을 찾아야 한다. 그리고 결국에는 그러한 과정을 통해 네트워크마케팅의 위대함을 깨닫게 된다. 만약 네트워크마케팅을 만나지 않았다면 그런 인생의 멋은 결코 찾지 못했을 것이다.

 네트워크마케팅에서 성공한다는 것은 어머니가 아이의 성장에 따라 눈높이를 맞추며 이해하고 친구가 되어주는 것처럼, 리더가 되어 조직 구성원의 상황과 위치에 맞는 눈높이로 다가가 이해하고 친구가 되어주는 것을 의미한다.

 시간이 흘러 수천 명, 수만 명의 리더가 되면 그 인원만큼 리더십을 강화해 경청의 대가가 되어야 한다. 그러면 그 리더는 조직원의 수만큼 다양한 간접 경험과 인생의 묘미를 느낄 수 있다. 결국 네트워크마케팅에서 성공했다는 것은 인간관계에서 성공했다는 것을 뜻한다.

다시 한번 강조하지만 네트워크마케팅에서 성공하려면 유능한 리더가 되어야 한다. 그리고 유능한 리더가 되려면 유능한 코치가 되어야 한다. 유능한 코치는 각 선수의 개성에 맞는 기본기와 실력을 연구하고 개발한다. 마찬가지로 네트워크마케팅의 유능한 리더는 파트너들의 잠재력과 꿈을 이룰 수 있는 방법이 무엇인지 고민한다. 진정한 리더가 되고 싶다면 유능한 코치가 돼라.

숨어있는 잠재의식을 밖으로 끌어내라

머피 박사가 오스트레일리아에서 강연 여행을 다닐 때의 일이다. 하루는 병원 진찰실에서 청소부로 일하는 한 소년을 만났다. 당시 그 소년은 의사가 되는 것이 꿈이었지만 그에게는 도와줄 가족도 친척도 없었기에 낙담하고 있었다. 머피 박사는 그런 그에게 새로운 가능성을 열어 주었다.

"땅에 뿌려진 씨앗은 자신에게 필요한 것을 모두 받아들여 싹을 틔우고 성장한단다. 네가 진정으로 원하는 것의 씨앗을 네 잠재의식 속에 뿌려라. 그러면 그 생각의 씨앗은 대우주로부터 필요한 것을 받아들여 반드시 현실화할 것이다."

그때부터 소년은 밤마다 잠자리에 들면서 잠재의식 속에 씨를 뿌렸다. 병원 벽에 자신의 이름이 커다랗게 적힌 의사면허증이 걸려 있는 것을 머릿속에 생생하게 그려 넣은 것이다.

4개월 후, 소년의 주변에 하나둘 변화가 생기기 시작했다. 평소에 소년을 기특하게 여기던 의사 한 명이 의료기구 소독법, 피하 주사법, 응급치료법 등을 가르쳐주기 시작했고 자기 병원의 전문 조수로 고용했으며 의과대학에도 보내주었다. 결국 소년은 의사가 되었고 자신이 머릿속에 그리던 대로 자기 이름이 적힌 의사면허증을 벽에 걸게 되었다.

강한 꿈, 백만장자

　네트워크마케팅은 흔히 '꿈을 나누는 비즈니스'라고 불린다. 각박한 삶에 쫓겨 꿈조차 잃고 살던 사람에게 네트워크마케팅이라는 현실적이고 멋진 기회가 다가오면 사람들은 다시 꿈을 꾸기 시작한다. 화려한 저택, 멋진 자동차, 세계 여행, 시간의 자유 등을 꿈꾸며 평소보다 더욱 열심히 뛰어다니는 것이다. 실제로 내 주변에는 단칸 셋방살이를 하던 평범한 사람이 백만장자가 되어 한 달 중 절반 이상을 해외여행, 비즈니스로 얼굴 보기가 힘들어진 사람이 한둘이 아니다.

　그들이 그렇게 성공할 수 있었던 것은 스폰서가 끊임없이 그들의 잠재의식을 깨웠기 때문이다. 분명 리더는 '할 수 있다!'는 말이 가슴 깊이 새겨질 수 있도록 용기와 격려를 아끼지 않았을 것이고, 또한 이미 성공한 백만장자의 모습과 성공 스토리를 듣고 보고 느낄 수 있는 컨벤션에 적극 참여하도록 권했을 것이다.

　바로 이것이 네트워크마케팅의 정통 비즈니스이다. 이 방법은 여전히 효과적이며 이를 따라 비즈니스를 하는 곳은 별 문제 없이 좋은 문화를 이어가고 있다. 그러나 개중에는 네트워커에게 새로운 인생에 대한 꿈을 꾸도록 하는 것보다 보상플랜의 위력을 강조하며 어떻게 하면 돈을 빨리 벌 수 있고, 크게 벌 수 있는지를 강조하는 회사나 그룹도 있다.

　네트워크마케팅에서 진정으로 성공하고자 한다면 "네트워크마케팅은 마라톤 경기와 같다"는 생각으로 기초체력을 다지는 것부터 철저하게 훈련해야 한다. 네트워크마케팅에서의 기초체력은 '꿈을 꾸는 것'이다. 그것도 단시일 내에 42.195킬로미터를 완주하겠다는 꿈이 아닌 1년 후에 10킬로미터 완주, 2년 후에 하프 마라톤 완주, 3년 후에 풀코스 완주, 5년 후에는 풀코스 완주를 4시간 내에 돌파하는 것처럼 단계별로 꿈을 꾼다.

백만장자가 되는 것은 쉽지 않다. 하지만 이루지 못할 것도 없다. 이미 우리나라에서도 30년 정도의 짧은 시간에 적지 않은 백만장자가 탄생했다. 하지만 그들이 단시간 내에 백만장자가 된 것은 아니다.

백만장자의 꿈을 꾸게 하라. 단, 기초부터 탄탄히 다져 단계별로 부딪히는 혹독한 어려움을 이겨내야 한다는 것을 각인시켜야 한다.

누구에게나 잠재의식은 있다. 잠재의식을 깨울 수만 있다면

백만장자의 꿈을 꾼다면 그 다음에는 꿈을 이루기 위해 잠재의식을 깨울 수 있는 방법을 제시하라. 잠재의식을 깨우는 효과적인 방법은 행동계획을 설정하는 것이다. 백만장자가 되는 행동계획에는 4단계가 있는데, 첫 번째는 '꿈의 목록을 작성하는 것'이다.

A4 용지를 준비해 되고 싶은 것, 하고 싶은 것, 갖고 싶은 것 등 무엇이든 적게 한다. 약 30가지 이상을 순서에 상관없이 생각나는 대로 적는다. 이때 참여자 모두가 성실하게 작성하는

분위기를 조성해야 한다. 직급이나 나이는 상관없다.

  모두 작성했으면 한 명씩 돌아가면서 발표하게 한다. 남에게 발표하는 순간 그 꿈의 목록은 생명이 부여되어 살아 움직이게 된다. 이때, 모든 사람이 발표하는 사람에게 집중하도록 한다. 진지하게 경청하는 모습을 보여줌으로써 발표하는 사람의 마음 속에 확신과 책임감이 일게 해 적극 행동할 수 있도록 해주기 때문이다. 또한 발표가 끝나면 격려와 기대의 마음을 한껏 담아 열정적으로 박수를 쳐준다.

  두 번째는 '최종시한을 정하는 것'이다. 이것은 꿈의 목록에 강력한 엔진을 달아주는 것과 같다. '큰 집을 살 것', '많은 돈을 버는 것'처럼 막연하게 작성한 꿈의 목록은 힘이 없다. 1년 후에 큰 집을 살 것인지, 5백만 원을 벌 것인지 기준이 없기 때문이다.

  정확한 수치를 이용해서 언제까지 어느 정도 크기의 집을 살 것인지, 언제까지 얼마나 벌 것인지를 꿈의 목록에 첨가해야 한다. 예를 들어 '2030년 10월 10일까지 100평형 아파트를 사겠다', '2030년 3월 3일까지 월 소득 1천만 원을 벌겠다'와 같이 최종시한과 크기, 양 등을 정확히 구별할 수 있는 수치를 함께 적는다.

  이번에도 마찬가지로 한 명씩 돌아가면서 발표한다. 목록이 너무 많으면 가장 중요하다고 생각하는 것을 순서대로 3~5가지 정도만 발표하게 한다. 이때는 첫 번째 단계보다 더 강력한 확신을 느낄 수 있다.

세 번째 단계는 '가치와 우선순위를 정하는 것'이다. 무순위로 꿈의 목록을 정하다 보면 가장 소중하게 생각하는 것을 나중에 적기도 한다. 그렇다고 처음부터 가치 있는 순서대로 목록을 작성하라고 하면 대부분 한참 생각하게 되고 꿈의 목록을 작성하는 것을 부담스러워한다. 그래서 처음에는 생각나는 대로 마음껏 적게 하는 것이다.

다 적었으면 충분한 시간을 두고 작성한 목록을 면밀히 살펴보게 한다. 그리고 작성자 자신이 가장 가치 있다고 생각하는 순서대로 우선순위를 설정하게 한다. 이 단계에서 사람들은 진정으로 자신이 원하는 꿈을 찾게 되고, 자신도 모르는 사이에 미소를 짓게 된다. 그 꿈을 이루었을 때의 느낌을 생각하며 마음이 설레기 때문이다.

이제 진정한 꿈의 목록이 작성되었다. 처음에는 뒤죽박죽이던 꿈의 목록이 가치 있는 순서대로 재정리되었다. 그것이 바로 당신의 파트너가 진정으로 이루고 싶어 하는 성공 계획서이다. 혹시 목록 내용이 너무 개인적이거나 주관적으로 보인다면 스폰서나 리더가 도와줄 필요가 있다. 좀더 진취적이고 적극적으로 꿈을 이룰 수 있는 목록 내용이 되도록 말이다.

네 번째 단계는 '사명서를 작성하는 것'이다. 이것은 일종의 꿈을 이루기 위한 다짐이라고 볼 수 있다. 운동선수들이 경기에 앞서 필승을 외치는 것과 같은 자기암시이다. 가훈, 교훈, 사훈 같은 역할을 하는 것이 바로 사명서이다. 개인에게도 어떤 사람이 되고 무슨 일을 하겠다는 자기 경영철학과 그것을 이루기 위해 포기하지 않도록 열정을 유지시켜 줄 강력한 사명서가 필요하다.

사명서는 현재형으로 작성한다. 사명서는 강한 긍정적 언어로 작성한다. 사명서는 가치 있는 일에 대한 강력한 의지가 스며들어 있어야 한다. 참고로 여기에 내 사명서를 소개한다.

"나는 진정한 성공과 행복의 원칙을 내 삶에 적용하고, 세계적인 동기부여가로서 전세계 모든 이에게 행복한 삶을 누릴 수 있도록 최선을 다한다. 나는 매일 성공을 생생하게 상상한다. 나는 나를 경영한다. 나는 가족의 멘토다. 나는 변화를 즐긴다. 나는 용기 있게 행동한다. 나는 내 최상의 능력을 믿는다. 나는 아름다운 사람이다."

네트워크마케팅에서 멋진 리더가 되고자 한다면 파트너들 마음속에 웅크리고 있는 잠재의식을 깨워라. 그것이 깨어날 때 당신과 당신의 파트너는 백만장자가 될 것이다.

———— 사명서 ————

4장
카멜레온 리더가 되자

강의도 기획력이다

"이번 주 금요일에 대구에서 강의가 있는데 어떤 내용으로 해야 할지 모르겠어요. 150명 정도가 참석하는 모임입니다. 어떤 주제로 어떻게 해야 할지 몰라서 조언을 부탁드리고자 전화했어요."

나는 가끔 이런 전화를 받는다. 목소리에는 뭔가 빨리 대안을 내놓지 않으면 큰일이라도 날 것 같은 긴박감이 묻어 있다. 나는 차분하게 한숨을 돌리고 하나씩 문제를 풀어나간다.

"참가하는 분들이 고객인가요, 네트워커인가요?", "초보자인가요, 사업자인가요?", "남자와 여자의 비율은 어느 정도인가요?", "연령층은 어떻게 돼요?", "지역 리더들이 바라는 강의 내용은 무엇이죠?", "주어진 강의 시간은 어느 정도입니까?", "사장님이 그들에게 전달하고 싶은 메시지는 무엇이죠?"

이처럼 효과적인 강의를 위해 강사가 알아야 하는 내용을 질문해가며 일단 기록을 한다. 그런 다음 기록한 것을 토대로 어떤 주제와 내용으로 진행하는 것이 좋을지 알려주면 그제야 목소리가 달라진다. 긴박했던 목소리가 자신감 넘치는 목소리로 바뀌고 열심히 하겠다는 의지를 내보이며 전화를 끊는 것이다.

리더는 항상 파트너들에게 어떤 내용을 어떻게 전달할지 고민

한다. 장소, 시간 그리고 파트너들의 수준에 따라 다양한 내용의 정보를 전달해야 하니 웬만큼 경험과 지식이 있는 리더가 아니면 심한 스트레스에 시달릴 수밖에 없다.

그러한 스트레스에서 벗어날 수 있는 좋은 방법은 평소에 틈나는 대로 강의 주제와 내용을 정리해 놓는 것이다. 다시 말해 '강의록'을 만들어야 한다. 물론 처음에는 쉽지 않지만, 어느 정도 익숙해질 때까지 계속하면 나중에는 아주 수월해진다. 그러면 처음부터 쉽게 할 수 있는 몇 가지 방법을 소개하겠다.

강의의 첫 단추는 '주제'다

네트워크마케팅에서는 파트너에게 꼭 전달해야 할 내용이 있다. 무엇보다 네트워크마케팅은 '복제'를 통한 조직화, 체계화로 이루어지기 때문에 교육을 시스템화 해야 한다. 무대에서 생각나는 대로 느끼는 대로 강의를 하다 보면 파트너들에게 잠시의 감동은 줄 수 있어도 오래도록 그 내용을 활용할 수 있는 복제의 노하우는 줄 수 없다.

따라서 정기적, 반복적으로 네트워크마케팅에서 가장 중요하게 다루는 내용을 전달해야 한다. 그 내용은 스폰서나 성공한 강사들에게 물어보면 알 수 있다. 아니면 전문가가 저술한 책을 통해서도 알아낼 수 있다. 예를 들어 당신이 매주 금요일 오후 2시부터 3시 30분까지 90분간 초보 네트워커로부터 중간 리더까지를 대상으로 특별 강연을 한다고 해보자.

우선 기간을 정한다. 12주(3개월)를 한 단위로 생각하고 매주 주제별로 강의를 하는 것이다. 주마다 강의 주제를 정해 그 주제에 맞는 내용을 구성한다.

> 1주 - 성공은 꿈꾸는 자의 것이다(목표설정).
> 2주 - 시각화가 성공을 부른다(잠재력 계발).
> 3주 - 파트너를 찾아라(명단작성).
> 4주 - 내가 변하면 세상이 달라진다(인간관계).
> 5주 - 이미지를 전달하라(프로스펙팅).
> 6주 - 도구를 잘 활용하라(컨택).
> 7주 - 기회를 팔아라(리크루팅).
> 8주 - 스폰서는 비즈니스 파트너다(스폰서링).
> 9주 - 긍정적인 마음자세의 챔피언이 되자(태도 및 자세).
> 10주 - 미팅은 성공의 핵심이다(팀워크).
> 11주 - 강사가 되어라(트레이닝).
> 12주 - 동기부여가가 되어라(리더십).

앞의 제목은 일반적인 용어로 풀어 쓴 것이고, 괄호 안의 주제는 네트워크마케팅에서 많이 다루어야 할 단계별 내용에 대한 제목이다. 물론 특별히 다루고 싶은 내용이 있다면 언제든 제목을 붙여 추가하면 된다.

자신의 경험담을 정리하라

주제를 정한 다음에는 그 주제에 대한 내용을 정리한다. 내용 정리는 많은 시간과 노력이 투자되어야 하는 작업이다. 우선 자신의 이야기를 정리한다. 이를 두고 흔히 '인생의 전환점 (Turning Point)'이라고 말한다.

'인생의 전환점'에 해당하는 내용은 모든 강의에 감초처럼 들어가는 핵심이다. 왜냐하면 강사의 경험은 참가자들에게 생생한 감동을 줄 수 있기 때문이다. 아무리 강의 내용이 좋아도 강사의 경험담이 빠지면 정보를 전달하는 수준밖에 안 된다. 즉, 감동을 줄 수 없는 것이다. 어떤 주제로 강연을 하든 중요한 것은 감동을 전달해야 한다는 점이다.

인생의 전환점을 정리할 때는 ① 전직 ② 전직에서의 꿈 ③ 꿈을 이룰 수 없었던 장애요인 ④ 네트워크마케팅을 만나게 된 계기 ⑤ 네트워크마케팅을 통한 변화 ⑥ 네트워크마케팅에서의 목표(꿈) ⑦ 현재의 직급 및 단기목표 등의 순서에 맞게 시나리오를 작성한다.

누구도 모방할 수 없는 것이 바로 당신의 경험담이다. 지금은 그것이 큰 역할을 못하는 것 같지만, 당신이 최고리더 혹은 백만장자가 되면 그 어떤 이야기보다 위력을 발휘하게 된다. 세상의 모든 파트너가 당신의 과거와 실패했던 이야기, 실패를 극복하고 멋진 성공자가 된 이야기를 가장 듣고 싶어 할 것이기 때문이다.

그러므로 지금부터 연습해야 한다. 인생의 전환점을 말하면서 파트너들에게 도움이 되지 않는 시시콜콜한 내용은 과감하게 삭제하고 모두가 공감할 만한 내용은 좀더 세련되게 디자인해서 정리한다. 이렇게 정리한 경험담은 매주 진행되는 강의 내용에 항상 핵심으로 들어가야 한다.

주제에 대한 강의 내용을 정리하라

다음으로 주제별 내용을 정리한다. 이것 역시 많은 시간이 필요하고 발품도 많이 팔아야 하는 어려운 작업이다. 관련 서적을 탐독하거나 이미 성공한 당신의 스폰서, 성공자들의 세미나에 적극 참여해 귀를 기울인다. 또한 네트워크마케팅의 전문가가 주최하는 각종 워크숍에도 참여해 간접 경험도 풍부하게 쌓아야 한다. 이렇게 해서 한 가지의 생생한 시나리오를 완성한다.

나는 가끔 리더들에게 텔레비전을 유심히 보라고 말한다. 그러면 많은 네트워커가 텔레비전은 볼 시간도 없고 유익하지도 않아 보고 싶지 않다고 말한다. 하지만 내 말을 듣고 나면 그래도 볼 건 봐야겠다는 생각을 하게 된다.

나는 주로 〈개그콘서트〉, 〈폭소클럽〉, 〈웃음을 찾는 사람들〉을 추천한다. 이런 프로를 보고 있으면 개그맨들의 창의력과 순발력, 집중력이 쏟아져 나오는데 1시간이 10분처럼 느껴질 지경이다. 그들은 웃음을 자아내기 위해 일주일 동안 주제에 맞는 아이디어를 짜내고 관련된 내용을 찾고자 도서관 혹은 서점을 찾아다니거나 연극, 영화, 뉴스를 보면서 웃음거리를 만들어낸다.

우리가 쉽게 흘려보내는 것을 절대 놓치지 않는 그들의 헌신적인 노력을 보면서 나는 정보와 감동을 전달하는 네트워커에게 그 자세를 알려주고 싶었다.

네트워크마케팅은 상식적인 비즈니스이다. 일상생활에서 일어나는 사소한 것에서 성공의 기회를 찾을 수 있고, 평범한 사람이 평범한 성공원칙들을 생활에 적용해 위대한 네트워커가 될 수 있는 비즈니스이다. 물론 우리 주변에 펼쳐져 있는 수많은 성공거리를 찾는 것은 네트워커의 몫이다.

먼저 당신이 정한 주제와 같거나 비슷한 내용의 책을 참고하라. 네트워크마케팅 성공자나 전문가가 정리한 내용 중 당신이 하고 싶었던 이야기와 비슷한 부분을 발췌하라. 이왕이면 그 내용을 알기 쉽게 예를 든 이야기도 함께 정리하라. 교육에 참가한 사람들은 그런 이야기에 흥미를 갖고 강의에 재미를 느낄 것이다.

그런 다음 성공한 스폰서나 성공자들의 세미나에 참가해 정리했던 내용 중 당신이 정한 주제와 같은 내용을 찾아 위의 내용과 연결하라. 앞뒤의 흐름이 자연스럽게 이어지도록 적절하게 배치하라. 그러면 주제에 맞는 강의 내용의 골격이 생긴다. 많은 리더가 강의를 어려워하는 이유는 이와 같은 골격을 만들기가 어렵기 때문이다. 훌륭한 강사가 되어 자유자재로 강의하기 전까지는 이미 틀이 잡혀 있는 책이나 세미나를 통해 골격 짜는 것을 벤치마킹해야 한다.

골격이 만들어졌으면 이미 정리된 자신의 '인생의 전환점' 내용을 적당한 곳에 삽입시킨다. 초보 강사는 전체 내용 중 앞부분에 넣는 것이 좋고, 강의에 익숙한 리더는 중간부분에 넣는 것이 좋다. 초보 강사는 무대에 서면 떨리고 긴장하게 되므로 우선 자신의 이야기를 풀어냄으로써 자신감 있게 강의를 시작할 수 있기 때문이다. 그리고 강의에 익숙한 리더는 말하고자 하는 성공원리를 자신의 경험담에 비추어 전달함으로써 참가한 사람들에게 쉽고 재미있게 감동적으로 전달할 수 있기 때문이다. 더불어 다른 모범적인 리더나 성공한 네트워커의 경험을 적절하게 활용하는 것도 좋은 방법이다.

이런 식으로 각 주의 주제에 맞는 내용을 정리한다. 한 가지 강의 주제가 연극이나 영화의 멋진 이야기처럼 하나의 작품이라 생각하고 정성을 다해 내용을 정리해야 한다. 억지로 만들거나 정보 혹은 지식만 전달하는 내용이 아닌 감동을 줄 수 있는 작품을 만들어야 하는 것이다.

강의를 하면 할수록 강의기법보다 감동을 전달하기 위해 노력하는 자신을 발견할 수 있을 것이다. 모든 네트워커는 그런 과정을 통해 성장한다. 나중에는 강의를 잘하려는 노력보다 참가한 사람들에게 어떤 도움이 되는 이야기를 해줄지 고민하고 노력하게 된다. 이때가 진정한 네트워크마케팅의 강사로 업그레이드되는 시기이다.

당신이 멋진 네트워크마케팅의 리더가 되고자 한다면 강의록을 만들어라. 하나하나 주제를 정하고 주제에 맞는 내용을 찾아다녀라. 당신의 실패담과 성공담을 그 속에 담아라. 싱싱하게 살아 움직이는 강의록을 만들어라. 당신의 성공은 그 강의록에 담겨 있다.

자서전을 쓰듯 비즈니스를 하라

네트워크마케팅 비즈니스는 동전의 양면 같은 요소를 안고 있다. 제대로 하면 세상의 그 무엇보다 가치 있고 위대한 사업이 될 수 있지만, 반면 제대로 하지 않으면 가장 비참한 사업이 될 수도 있기 때문이다.

이러한 특성을 알아차리는 데는 그리 오래 걸리지 않는다. 사람들에게 다가가 "멋진 사업이 있는데 시간을 내서 알아보시지 않겠어요?"라고 물어보면 즉시 반응이 온다. "그거 혹시 다단계 아니에요?" 혹은 가족이나 친척, 친구들은 "너 혹시 피라미드에 빠진 거 아니니?" 하며 되묻는 것이다.

만약 그런 말을 듣게 된다면 그는 십중팔구 네트워크마케팅의 직접 혹은 간접적인 피해자이거나 물질적, 정신적 손해를 본 사람임에 틀림없다. 그에게 네트워크마케팅은 오로지 돈벌이 수단으로 다가섰다가 멀어져 버린 나그네 같은 존재였을 것이다.

또 어떤 사람은 이렇게 되묻기도 한다.

"말씀하시는 걸 보니 그거 ○○○같은 사업인가 본데 맞나요?"

"예, 맞아요. 어떻게 아시죠?"

"아, 그 회사 제품 쓰고 있는데 정말 좋더라고요."

"그럼 비즈니스도 하시나요?"

"아뇨, 그냥 제품만 쓰고 있는데 가끔 세미나에 나가 보면 분위기도 맘에 들고 좋은 분들도 많더군요."

소비자가 이렇게 말할 정도면 그 회사나 그룹의 리더는 네트워크마케팅 비즈니스를 제대로 하고 있는 것이다. 무엇이 이런 차이를 만드는 것일까? 무엇이 어떻게 다른 것일까? 사실 여기에는 종이 한 장의 차이밖에 없다.

모든 네트워크마케팅 회사는 회사, 제품, 보상플랜, 비전이라는 공통분모로 존재한다. 그 네 가지 요소가 어디를 향해 가고 있는가에 따라 건전한 회사가 될 수도 있고 그렇지 못한 회사가 될 수도 있다. 무엇보다 창립과 제품의 탄생 원인이 뚜렷해야 하고 보상플랜도 적당히 어려워야 한다. 그런데 요즘에는 대다수 회사의 보상플랜이 네트워크마케팅의 본질을 무시한 투자성의 기형적인 형태를 띠고 있다. 그동안 네트워커들이 열심히 발품 팔고 말품 팔면서 불로소득의 오해를 말끔히 씻어낸 노력을 모조리 무너뜨릴 정도로 변질되어 버린 것이다.

그뿐 아니라 올바르게 비즈니스를 하는 네트워커들을 조롱하듯 '시대적 흐름'이니 '대세'니 하면서 네트워크마케팅의 건전한 문화를 오염시키고 있다. 그들의 목소리에 귀를 기울이는 순진한 초보 네트워커들과 그동안의 상처를 치유해보겠다고 동조하는 반순진한 네트워커들을 보면서 가슴이 답답해짐을 느낀다.

이런 난관을 극복하려면 올바르게 비즈니스를 하는 네트워커들이 더욱 분발해서 좋은 결과를 보여주는 것밖에 달리 방법이 없다. '역시 네트워크마케팅은 저렇게 해야지!', '네트워크마케팅은 최소한 이 정도는 돼야지!' 라는 말을 들을 수 있도록 네트워크마케팅의 진수를 보여주어야 한다.

그것을 보여줄 수 있는 좋은 방법은 '자서전을 쓰듯 비즈니스를 하는 것' 이다. 당신이 먼 훗날 크게 성공해 자서전을 쓰게 된다면, 아마도 좋은 것만 보여주고 싶을 것이다. 누구든 부끄러운 과거는 감추고 싶은 법이다. 만약 그런 비리가 있다면 그동안 쌓아올린 모든 명예나 업적을 잃어버릴 수도 있기 때문이다.

새로운 인생역전의 주인공

내가 텔레비전에서 감동적으로 보았던 프로그램 중 하나가 〈성공시대〉라는 것이다. 꽤 오래 전에 방영되었는데, 당시 나는 어린 딸아이 둘을 무릎에 앉혀놓고 진한 감동의 눈물을 흘리기도 하고 호탕한 웃음을 터트리기도 했다.

성공한 사람들의 어린 시절, 좌절했던 순간, 다시 일어나 도전하는 모습, 인생의 전환점, 성공의 순간, 세상에 빛이 되는 모습 등 4, 5가지 단계로 주제를 정하고 거기에 성공원칙을 적용했던 그 프로그램은 그야말로 진한 감동 그 자체였다.

네트워커의 삶 또한 그에 못지않다. 사실 네트워커는 그 이상의 인생을 만들어가고 있음에도 본인은 그 가치를 잘 모르고 있다. 왜냐하면 네트워크마케팅 세계에서 인생역전은 아주 흔한 일이고 대부분의 네트워커가 그런 길을 걸어가기에 특별하다고 생각하지 않기 때문이다.

당신은 이제부터라도 당신 자신과 파트너들의 미래를 위해 인생역전의 주인공이 되어야 한다. 그러기 위해 큰 성공이나 업적을 이룬 사람들이 세상 사람들에게 자신의 이야기와 성공 노하우를 알리는 것처럼 당신도 '이미 성공한 사람처럼' 해보라. 이미 성공한 당신의 미래 모습에 맞춰 현실을 살아가는 것이다.

거기에는 적당한 시나리오가 필요할지도 모른다. 그러나 이미 당신의 하루하루가 현재의 시나리오이므로 작가에게 따로 의뢰할 필요는 없다. 당신이 작가이고 감독이자 주인공이다. 이제 준비가 되었는가? 그럼 시작하라.

성공원칙을 정하고 따르라

과거와 달리 지금은 조금만 눈을 돌려도 성공에 관한 책이 눈에 쏙쏙 들어온다. 그것도 이론 위주의 단순한 처세술이 아닌 바다에서 금방 잡아 올린 물고기처럼 생생한 경험이 가득한 책이다. 우선 마음에 드는 책 몇 권을 구입해 가장 인상 깊은 성공원칙을 4~10가지 뽑아낸다. 그런 다음 그 원칙을 나열한 후 자신의 이야기에 맞춰보거나 그 원칙에 맞는 생활과 비즈니스를 한다. 쉽지는 않겠지만 이 방법이 네트워커에게 가장 쉬운 방법이다. 만약 더욱 확실한 방법을 찾는다면 내가 진행하는 트레이닝에 참여한 리더들에게 알려주는 방법을 제시할 테니 참고해보라.

그것은 이미 수십 년, 수백 년간 세상의 모든 사람에게 입증된 성공 프로그램에 참여하라는 것이다. 책은 저렴하고 언제든지 볼 수 있다는 장점이 있지만 스스로 성공원리를 적용해야 하는 어려움이 있다. 책을 보고 그대로 따라하는 사람은 극히 드물다. 왜냐하면 사람은 변화를 싫어하는 존재라 생각은 있어도 행동을 잘 하지 않기 때문이다.

하지만 성공 프로그램 트레이닝 과정에 참여하면 자연스럽게 따라하게 되고, 참여한 사람들과 동료애를 나누게 되어 쉽게 포기하지 않는다. 따라서 그 과정을 수료할 때쯤이면 완벽하지는 않아도 엄청난 변화에 스스로도 깜짝 놀라게 된다. 물론 주위의 많은 사람도 그 변화에 놀라움을 표시한다.

이미 입증된 성공 프로그램, 예를 들어 SMI의 목표설정 프로그램, 카네기의 인간관계 프로그램, 스티븐 코비의 성공하는 사람들의 7가지 습관 프로그램 등을 삶 또는 비즈니스에 적용한다면 눈앞에 보이는 것만을 추구하거나 단순한 성공을 위한 생활과 달리 가치 있고 의미 있는 생활과 비즈니스를 할 수 있을 것이다.

나 역시 20대 중반에 SMI의 목표설정 프로그램에 참여해 가치 있는 인생을 살아야겠다는 큰 원칙을 세우게 되었고, 그 후 여러 가지 형태로 다가왔던 유혹들을 물리치고 지금에 이를 수 있었다. 만약 그런 성공원칙을 내 삶에 적용하지 않았다면 아주 비참한 인생을 살게 되었을 것이다.

나는 지금도 시간을 쪼개 더 좋은 성공 프로그램에 참여하고 있다. 성공적인 삶에서 벗어나지 않기 위해 나 자신을 끊임없이 담금질하는 것이다. 특히 사회가 혼란스럽고 일하는 것이 뒤숭숭할 때는 기본으로 돌아가 생각해야 한다. 모든 일에는 시작이 있고 그 시작에는 이유가 있게 마련이다. 그 기본을 이해한다면 꼬였던 문제가 금방 풀릴 것이다.

　네트워크마케팅은 인맥유통이다. 돈이 먼저가 아니고 사람이 먼저다. 따라서 사람다운 생각과 행동을 해야 감동이 따르게 되고 그 감동이 다른 사람의 생각을 바꿀 수 있다. 결국 네트워커의 생각과 행동이 네트워크마케팅의 문화를 만드는 것이다. 건전한 생각을 가진 네트워커의 향기는 오염된 네트워크마케팅 공기를 비 개인 맑은 하늘처럼 말끔히 씻어낼 수 있다.

　당신이 위대한 네트워커가 되기를 바란다면 자서전을 쓰듯 비즈니스를 하라. 세월이 흐른 후 후배 네트워커에게 부끄럽지 않을 그런 네트워커가 돼라. 당신이 네트워크마케팅을 만나 얼마나 고생했고 좌절했으며 그것을 어떻게 극복하고 멋있게 부활해 진정한 네트워커가 되었는지를 기록하라.

카멜레온 리더가 되어라

"저는 그 사람이 왜 그러는지 도대체 이해할 수가 없어요. 지금까지 참아왔는데 이제는 도저히 참을 수가 없습니다. 이럴 때는 어떻게 해야 합니까?"

한번은 네트워크마케팅에서 꽤 성공한 리더로 알려진 이 사장이 심각한 고민거리를 안고 나를 찾아와 하소연을 했다. 구체적인 사연은 김 사장이라는 자신의 파트너가 네트워크마케팅을 시작한 지 3년 만에 최고 직급자가 되었는데, 이미 그 전에 최고 직급자가 된 자신을 무시하고 자체적으로 교육을 한다는 것이었다. 그것까지는 좋은 데 틈만 나면 스폰서의 교육에 내용이 없다느니, 구시대적인 말만 한다느니 하면서 교육이 체계적이지 못하다고 공개적으로 불만을 표시한다고 했다. 그로 인해 김 사장의 파트너들은 최고리더인 이 사장을 존경하지도 않고, 이 사장이 주최하는 교육에는 의도적으로 불참한다는 것이다.

이 사장은 자신이 그동안 파트너인 김 사장을 성공시키기 위해 얼마나 헌신적으로 도와주고 이끌었는지 침을 튀겨가며 쏟아냈다. 그리고 배신감에 치를 떨며 흥분을 가라앉히지 못했다. 나는 일단 그의 흥분을 가라앉히고 차근차근 이야기를 풀어갔다. 그렇게 10분 정도가 흐른 후, 이 사장은 얼굴에 환한 미소를 머금고 자리에서 일어섰다.

"아하, 제가 카멜레온이 되어야겠군요. 좋은 말씀 감사합니다."

이 사장이 기분 좋게 자리에서 일어날 수 있었던 것은 세상의 이치를 깨달았기 때문이다. 세상의 이치란 과연 무엇일까? 모든 네트워크마케팅의 리더가 그것을 깨닫는다면 신나는 비즈니스를 하게 되어 조직관리의 달인이 될 것이다. 자, 세상의 이치를 알아보자.

사람들이 모두 내 마음 같은 것은 아니다

혈액형에 따라 사람의 성격을 파악할 수 있는 것처럼 대화를 몇 번 나눠보거나 어떤 상황에 반응하는 것을 보면 그 사람이 어떤 성격인지 대충 파악할 수 있다. 그 유형을 크게 나누면 오너형, 참모형, 분위기형으로 구분할 수 있다. 오너형은 장형, 참모형은 머리형, 분위기형은 가슴형으로 표현할 수도 있다.

첫째, 오너형(장형)은 삼국지에 등장하는 '장비' 스타일이다. 성격이 화끈하고 열정적이며 무모할 정도로 과감하게 행동하는 사람이다. 복잡한 이론이나 지식을 싫어하며 비전을 느끼면 곧바로 실천하는 행동파다. 많이 생각하는 것을 싫어해 판단이나 결정을 빨리 하는 편이라 일을 수월하게 이루기도 하지만, 무모하게 진행하다가 실수하거나 큰 낭패를 보기도 한다. 또한 일을 진행하다 비전이 보이지 않으면 쉽게 포기하는 경향이 있다.

이런 파트너에게 강조할 것은 솔선수범할 수 있는 역할을 주고 최고 직급과 고소득에 도전할 수 있도록 용기를 주는 것이다. 다른 사람보다 크게 성공할 수 있다는 격려와 함께 "당신이 우리 회사(그룹)에서 최고다"라는 말을 자주 해준다.

주의할 것은 직급이 낮다고 과소평가하거나 실력이 모자란다고 무시하면 안 된다. 이들의 자존심을 건드리면 오히려 쉽게 포기할 수도 있기 때문이다. 특히 약속한 것은 확실하게 지켜야 한다. 오너형(장형) 스타일은 의리파이기 때문에 말로 한 약속도 철저히 지켜야 한다는 고정관념이 강하다.

둘째, 참모형(머리형)은 삼국지에서 '제갈 량' 스타일이다. 한마디로 이론이나 원리를 중시하는 치밀한 성격의 소유자이다. 책 읽는 것을 좋아하고 각종 교육, 세미나에 적극적으로 참여해 이미 입증된 객관적인 사실과 성공 시스템을 익히는 데 많은 시간을 투자한다.

원칙적인 비즈니스를 선호하며 주어진 상황을 철저하게 연구, 분석해 성과가 나올 수 있는 전략이나 계획을 짜내는 것을 잘하고 교육하는 것을 좋아한다. 성실맨으로 절대 무모한 도전이나 시도를 하지 않는 마라톤 네트워커의 표본이다. 완벽주의 성격 때문에 쉽게 흥분이나 감동을 하지 않아 스폰서나 파트너들로부터 "너무 인간미가 없는 것 같다"는 오해를 받기도 한다.

이런 파트너에게는 체계적인 교육에 많이 참여할 수 있는 기회를 줌과 동시에 그가 정리한 내용을 다른 멤버들에게 교육할 수 있도록 역할을 부여한다. 이들은 대부분 사회에서도 중추적인 역할을 했던 경험이 있어 그룹의 체계적인 교육 시스템을 구축하는 데 가장 큰 역할을 할 것이다.

이들에게 주의할 말은 "이론은 잘 아는데 리크루팅은 잘 못한다", "교육은 끝내주게 잘하는데 사업은 잘 못한다"라며 비꼬는 것이다. 필드에서의 활동보다 남에게 정보와 지식을 전달하는 것을 즐기는 스타일이라 일이 좀 더딜 뿐이라고 인정해야 한다.

또한 이들은 결과보다 과정을 중요하게 생각하고 결과 중심의 성공이 아닌 계획된 성공을 선호해 남이 만든 목표에 수동적으로 따라가는 것을 싫어한다. 따라서 스폰서가 가장 까다롭다고 여기는 타입이기도 하다.

셋째, 분위기형(가슴형)은 삼국지의 '유비' 스타일이다. 부드럽고 온화한 성품을 지녔고 사람과의 관계를 가장 중요시한다. 털털한 성격 때문에 사람들과 갈등이 별로 없어 수많은 사람과 교분을 쌓고 있다.

처음 만난 사람과도 금방 친해지는 친교 능력이 있으며 누군가 어려운 일을 당하면 손발 걷어붙이고 나서서 도와주는 봉사맨이다. 사람들에게 두터운 신뢰를 받고 있어 남들이 얘기하면 피라미드라도 이들이 얘기하면 네트워크마케팅으로 인정한다. 한마디로 '인간관계 비즈니스'인 네트워크마케팅의 적임자라 할 수 있다.

이들에게는 인간적인 매력에 대해 자주 이야기를 해주는 것이 좋다. "당신 때문에 우리 팀이 즐겁게 비즈니스를 하고 있다", "모두가 당신처럼 좋은 스폰서가 되기를 원한다", "당신은 우리 그룹에 없어서는 안 될 중요한 사람이다" 등 이들 덕분에 화목

하게 지낼 수 있다는 것을 인식시켜 주는 것이다.

주의해야 할 것은 "성공은 돈을 많이 버는 것이다", "사람을 빨리 데리고 와라. 당신이 원하는 직급에 올라가려면 이번 달에 리크루팅을 많이 해야 한다" 등 공격적이고 자극적인 비즈니스 방법을 요구하는 것이다.

성공하기 위해 남에게 부담을 주거나 손해를 입히는 것, 사람들을 도구처럼 여기는 것을 가장 싫어하기 때문에 그러한 방법이나 분위기를 느끼면 그들의 얼굴에서 미소가 사라지고 심한 경우 아예 모습을 감춰버리고 만다.

카멜레온이 되어라

네트워크마케팅이 쉽게 접근할 수 있는 비즈니스이면서도, 쉽게 성공할 수 없는 것은 이처럼 성격이 다양한 사람들과의 관계 때문이다. 특히 리더의 역할은 조직 전체에 미치는 영향이 크기 때문에 리더의 성격이나 리더십 방법에 따라 조직의 성공과 실패가 좌우된다.

네트워크마케팅에서 멋진 성공을 하고 싶다면 우선 파트너들의 스타일을 파악하고 그들과 친구가 되는 방법을 찾아야 한다. 일반적으로 사람들은 비슷한 성격끼리 어울리는 것을 좋아한다. 따라서 당신은 카멜레온이 되어야 한다. 한마디로 같은 눈높이로 다가서야 하는 것이다.

당신이 진정 네트워크마케팅에서 멋진 리더가 되고자 한다면 파트너들의 스타일에 따라 시시각각 변할 수 있는 카멜레온이 되어라. 그들의 입장에서 생각하고 이해하라. 그들과 함께 문제를 하나씩 풀어가다 보면 그들은 당신의 가장 훌륭한 비즈니스 파트너가 되어 있을 것이다.

변화를 즐기는 카멜레온 리더가 되어라!

성공 흐름을 타라

"아무래도 제 능력으로는 더 이상 조직을 이끌어나갈 수 없을 것 같아요. 이미 몇몇 리더는 다른 곳을 알아보고 있는 것 같고, 파트너들도 의욕을 상실한 상태입니다. 저 역시 강단에 서면 예전처럼 열정이 일어나지 않습니다. 어려운 상황을 뻔히 아는데 무슨 말을 해야 할지 난감해요."

네트워크마케팅 비즈니스를 시작한 지 3년 정도 된 박 사장이 얼굴에 가득 근심을 안고 찾아와 털어놓은 얘기다. 1년 전만 해도 여기저기를 누비며 당당하고 열정적인 최고리더의 모습이었는데, 지금은 보는 사람이 민망할 정도로 초췌한 모습이 되어 버렸다.

그 이유가 무엇일까? 부푼 꿈을 안고 네트워크마케팅에 입문한 박 사장은 모든 열정을 다 바쳤지만 회사의 전략이 수시로 바뀌면서 그룹이 붕괴되는 쓰라린 경험을 했다. 그는 네트워크마케팅을 제대로 알지 못했다는 자책감과 피해의식으로 포기를 고민하던 중, 스폰서의 간곡한 요청으로 다시 시도해보기로 했다. 스폰서가 신중하게 검토하고 선택했다는 현재의 회사에 등록한 그는 고갈된 열정을 억지로 불러일으켜 1년 6개월 만에 최고 직급에 도달하게 되었다.

그는 첫 회사에서의 실패를 만회하기라도 하듯 각종 미팅, 세미나, 트레이닝에 빠지지 않고 참여하면서 전국에 있는 파트너들을 돌보는 일에 몸을 아끼지 않았다. 회사 경영진도 박 사장이 회사 내에서 가장 모범적이고 열정적인 리더라고 찬사를 아끼지 않았다.

하지만 운명의 여신이 심술을 부린 것일까? 거침없이 발전을 거듭하던 회사가 갑자기 정체기를 맞고 말았다. 특별한 문제가 없었음에도 매출이 둔화되고 새로운 고객 수는 급격히 줄어들었다. 시간이 지나면서 회사 전체에 불안한 기운이 감돌았다. 약삭빠른 몇몇 리더는 나가서 회사를 차리고 친정을 역공격하기 시작했다.

아무것도 모르고 비즈니스만 열심히 하던 초보자들은 리더들의 움직임에 동요하기 시작했고 새로운 고객을 교육장에 데리고 오는 것을 꺼려했다. 이런 분위기가 회사 전체에 전염병처럼 퍼지면서 마치 정전된 도시처럼 모든 것이 정지되어 버린 것이다.

박 사장의 이야기를 듣고 나는 네트워크마케팅의 흐름과 그 흐름에 따른 리더의 역할에 대해 들려주었다. 꼼꼼히 내 얘기를 듣던 박 사장은 무릎을 탁 치며 이렇게 말했다.

"그러면 우리에겐 큰 문제가 없는 거네요. 오히려 지금이 저에게 좋은 기회가 될 수도 있겠네요. 나 참, 이렇게 쉬운 줄도 모르고 매일 잠 못 이루고 고민했으니… 감사합니다. 이 은혜 잊지 않겠습니다."

그는 분명 다시 한번 기적을 만들 것이다. 흐름을 알았으니 파도를 두려워하는 것이 아니라 더 큰 파도가 치기를 기다리며 그 파도를 마음껏 즐길 것이다.

파도타기의 명수가 되어라

네트워크마케팅의 성장 흐름은 '초기→도약기→성장기→과도기→재도약기'로 나눌 수 있다. 회사나 그룹의 매출을 기준으로 해서 초기는 월매출이 0에서 10억 원까지, 도약기는 10억 원에서 30억 원까지, 성장기는 30억 원에서 100억 원까지, 그리고 과도기에는 50억 원으로 감소했다가 재도약기에 다시 50억 원에서 100억 원까지 상승한다. 이러한 성장 흐름에 따라 리더의 역할도 매우 다양해진다.

우선 초기는 회사도 알려지지 않았고 제품 체험사례도 별로 없으며 성공한 사람도 없어서 말 그대로 비전 하나 갖고 맨땅에 머리 박는 식의 무모한 비즈니스를 하는 시기이다. 이때는 "그렇게 좋은 제품이면 왜 백화점이나 할인매장에 없나요?", "혹시 사람 끌어들이는 장사 아니에요?", "아니, 자네 어쩌다가 이렇게 되었나? 내가 그냥 돈 줄 테니 거기 놓고 가게", "왜 하필이면 다단계야? 그렇게도 할 일이 없냐?", "당신 미쳤어? 집안 망치는 꼴 보고 싶어?" 하는 등의 부정적인 인식과 싸워야 한다.

모든 것이 불확실한 이 시기에는 웬만한 열정과 깡다구가 아니면 버티기도 힘들다. 그래서 비전과 열정 중심의 리더십, 즉 가능성에 모든 것을 걸고 전쟁터를 종횡무진하는 장수처럼 강한 카리스마를 지닌 리더의 역할이 필요하다.

도약기에는 월소득이 1천만 원대가 되는 스타가 한두 명씩 나타나면서 그동안 함께 고생했던 주위 네트워커들이 200퍼센트, 300퍼센트 능력을 발휘하기 시작한다. 마치 자신이 성공한 것처럼 확신과 열정이 더욱 강화되어 자신 있게 비즈니스를 펼치기 때문이다.

이런 열정과 확신으로 조직 전체가 활성화하면 전국 대도시에서 정기적인 세미나가 진행된다. 주로 세미나는 스타들의 성공 스토리와 그 결과를 뒷받침할 수 있는 사업설명회가 병행된다. 이 시기의 교육은 대부분 비전 중심으로 이루어지기 때문에, 리더는 역경을 극복한 자신의 감동적인 성공 스토리와 비전에 대한 강한 확신을 이야기한다.

성장기에는 전국에 교육장이나 그룹 사무실이 급속도로 개설되기 시작하며 스타들도 많이 배출되는 시기이다. 업라인들이 3~5년 만에 최고 직급에 도달했다면, 이 시기에는 시간이 단축되어 1~3년, 심지어 6개월 만에 최고 직급자가 되는 경우도 볼 수 있다. 그 이유는 회사도 중견회사처럼 규모와 시스템을 갖추게 되고, 성공한 리더도 많이 나타나게 되어 검증된 성공 시스템을 보고 뛰어드는 사람이 많기 때문이다.

이때에는 사회적으로 엘리트 계층에 있던 전문가나 사업가, 직장인이 부업·전업·창업의 개념으로 참여하는 비율이 늘어나면서 리더는 주로 체계적인 세미나를 주최하게 되는데, 교육 분야에서 활동했던 사람들 중 리더가 된 네트워커가 큰 역할을 하기도 한다.

과도기는 회사의 매출이 100억 원을 넘어서면서 회사가 네트워크마케팅 관련 각종 언론매체에 모든 것이 노출되는 시기이다. 세미나 행사는 물론 심지어 대표이사의 동향까지 노출된다. 여기에 성공이 검증된 회사의 아이템, 보상플랜을 벤치마킹한 신규 경쟁사가 나타나 이미 훈련된 리더들을 빼내가는 작업으로 조직 이동과 회사 매출이 곤두박질치게 된다.

리더들이 이 시기를 잘 극복하지 못하면 회생 불가능하다. 따라서 리더는 '마인드 교육'에 집중해야 한다. 돈이나 직급으로 상징되던 네트워크마케팅의 성공 기준을 재정립하고 진정한 성공과 네트워크마케팅의 본질에 대한 강의를 귀에 못이 박이도록 해야 한다. 특히 리더는 솔선수범해서 팀워크가 깨지지 않도록 헌신적인 노력을 기울여야 한다.

재도약기는 과도기를 거쳐 조직이 재구성되고 수정 및 보완되어 새롭게 시스템이 구축되는 시기이다. 한마디로 떠날 사람 떠나고 남을 사람 남아서 제2의 창업, 즉 리모델링을 하는 시기인 것이다. 현재 안정적인 매출과 소득을 보장받고 있는 회사는 대부분 이런 큰 아픔을 겪은 회사이다.

이때는 회사의 경영진, 최고리더, 네트워커 모두 마음을 비워야 한다. 특히 과거가 화려했던 리더는 백의종군하는 마음으로 그 어느 때보다 솔선수범해야 한다. 가장 중요한 역할은 체계적인 교육 시스템을 만드는 것이다. 과거처럼 비전과 열정만 가지고 성공할 수 있다는 단순한 원리가 아닌 초보자, 부업자, 사업자, 리더 등 단계별로 성장할 수 있는 체계적이고 전문적인 교육 시스템을 만들어야 한다.

봄, 여름, 가을, 겨울을 겪어본 사람은 계절에 따라 무엇을 준비하고 무엇을 해야 할지 잘 알고 있다. 네트워크마케팅에도 계절이 있다. 리더는 그 계절을 탈 줄 알아야 한다. 계절의 특성과 장단점을 알면 오히려 계절을 즐길 수 있다.

 네트워크마케팅에서 훌륭한 리더가 되기를 바란다면 그 흐름을 잘 알아야 한다. 그리고 흐름을 타며 즐길 수 있어야 한다. 모두가 두려워하는 거대한 파도가 빨리 다가오기를 바라는 파도타기의 명수처럼 말이다.

명사들을 스폰서로 만들어라

"이번에 초청한 강사는 역시 대단한 분이시던데요. 저희한테 절실히 필요한 내용을 콕콕 찍어서 말씀하시는데 눈물이 날 지경이었습니다. 어떻게 그렇듯 저희들 마음을 다 알고 오셨는지, 다음에도 초청하고 싶어서 끝나자마자 옷소매를 붙잡고 부탁을 드렸습니다. 속이 후련하더라고요."

10년간 네트워크마케팅 비즈니스에서 잔뼈가 굵은 정 사장은 행사에 초청한 강사로부터 감동을 받았다고 자랑을 늘어놓았다. 매달 치르는 행사임에도 그 행사는 어느 때보다 알차고 분위기가 좋았다는 것이다.

그런데 또 다른 회사에서 활동하는 최고리더 유 사장은 얼마 전에 있었던 그룹 행사에 대해 이야기하며 불평불만을 늘어놓았다.

"어휴, 말도 마세요. 이번 행사는 그 초청강사 때문에 완전히 망쳤습니다. 1시간 내내 자기 자랑만하다 나중에는 시간이 없다고 허겁지겁 준비한 자료 넘겨가며 설명하는데 얼마나 울화통이 터지는지… 전국에서 귀한 시간을 내 한달음에 달려온 그룹 가족에게 미안해서 혼났어요."

유 사장 역시 최고리더였지만, 네트워크마케팅 경험은 3년 정도로 상당히 짧은 편이다. 경험 시간이 짧다고 모두 부족하다고 볼 수는 없지만 그래도 평균적으로 최고리더로서 관록을 쌓으려면 5년 이상은 필요하다고 본다.

네트워크마케팅에서 가장 보람과 성취감을 느낄 수 있을 때는 어느 정도 조직이 커져서 자체적으로 그룹 행사를 펼칠 수 있을 정도가 되었을 때이다. 이 경우, 보통 500명 이상 수천 명 단위로 행사가 열리기 때문에 체계적이고 역동적인 분위기가 연출될 수 있다.

그룹 내에는 사회를 멋지게 잘 보는 사람, 가수 뺨칠 정도로 노래를 잘하는 사람, 대기업 마케팅팀이나 기획팀 못지않게 전문적인 강의를 하는 사람, 개그맨보다 더 웃기는 사람 등 다양한 사람이 있어서 모든 참여자에게 깊은 감동과 재미를 안겨준다.

그런 행사를 더욱 감칠맛 나게 하는 것은 바로 외부에서 초청한 명사의 강연이다. 늘 그룹 내에서 리더들에게만 들었던 네트워크마케팅의 비전이나 성공 노하우를 객관적인 입장에 있는 외부 전문가로부터 들을 수 있는 기회이기 때문이다.

물론 유명한 강사들은 강의를 잘하겠지만, 그래도 유 사장처럼 방심했다가는 자칫 큰 낭패를 볼 수도 있다. 아무리 명강사일지라도 그룹에서 원하는 강의 내용과 분위기를 잘 파악하지 못하면 오히려 초청하지 않은 것만 못한 결과를 초래할 수도 있기 때문이다. 심지어 분위기를 망칠 수도 있다.

그것은 초청강사의 잘못이라기보다 그 강사를 초청한 리더에게 문제가 있는 것이다. 리더는 그 강사의 자질, 특성, 노하우,

스타일, 분위기, 이미지 등을 미리 정확히 파악해야 하고 행사의 색깔에 맞는 내용을 준비하도록 특별히 주문해야 한다. 효과적인 방법은 그 강사의 강의를 미리 들어보는 것이다. 그리고 더 좋은 방법은 그 강사를 스폰서로 만드는 것이다.

스폰서는 많을수록 좋다

정 사장의 그룹 행사는 왜 성공적이었을까? 정 사장은 그룹 구성원에게 깊이 존경받는 최고리더이면서도 늘 배우는 자세를 보여준다. 매일 책을 끼고 다니고 차에는 언제나 명사들의 강연 CD가 비치되어 있다. 또한 틈만 나면 일부러 시간을 내 각종 세미나에 참석한다. 어쩌다 마음에 드는 강사가 있으면 그 강사의 세미나에 쫓아다니면서 몇 번이고 반복해서 듣는다.

그리고 몇 개월 후 정 사장이 주최하는 그룹 행사에는 어김없이 그 유명한 강사가 나타났다. 강사는 자신을 인정해준 정 사장을 위해 더욱 열정적으로 강의를 했고 덕분에 그룹 구성원은 최고의 감동적인 강의를 선물로 받게 되었다.

정 사장은 유명한 강사를 단순히 강사로만 생각한 것이 아니라, 자신의 그룹에 큰 영향을 줄 수 있는 '스폰서'로 생각한 것이다. 그는 업 라인은 물론 자신의 그룹이 성장하는 데 좋은 역할을 해줄 수 있다면 누구든 스폰서가 될 수 있다고 본 것이다.

모두가 인정하는 유명한 강사가 스폰서라니, 이 얼마나 멋진 일인가! 그것도 한두 명이 아닌 수십, 수백 명이나 말이다. 정 사장은 매스컴이나 잡지, 각종 책에 나오는 사람들을 찾아다니고 그들과 친분을 맺는 것이 취미가 될 정도였다.

마음을 활짝 열고 세상을 받아들여라. 지금까지 고군분투하며 어렵게 조직을 만들어왔다면 이제는 쉽게 조직을 이끌어갈 수 있는 지혜를 짜내보라. 네트워크마케팅은 분명 혼자서 성공할 수 있는 비즈니스가 아니다. 가장 좋은 방법은 훌륭한 스폰서를 잘 활용하는 것이다.

당신보다 경험이 풍부하고 지식이 많으며 많은 사람에게 한마디 말로도 좋은 영향을 끼칠 수 있는 스폰서가 있다면 당신의 비즈니스는 당연히 수월해진다. 또한 그런 스폰서가 많을수록 당신의 조직은 상당히 빠르게 성장할 수 있다. 더욱이 당신보다 훌륭한 스폰서를 접하게 된 당신의 파트너들 중 도전적이고 성취감이 강한 사람은 그 스폰서를 멘토로 삼아 머지않아 스폰서들 못지않은 멋진 리더가 될 것이다.

이 얼마나 행복한 일인가! 네트워크마케팅의 최고 성과는 복제를 통해 당신의 파트너가 당신보다 훌륭한 리더가 되어 당신이 해야 할 일을 그들이 알아서 하는 것이다. 그렇게 되면 당신의 소득은 더욱 늘어날 것이고 더불어 시간의 자유까지 얻을 수 있다.

그런데 안타깝게도 대다수의 네트워커가 이렇게 쉬운 방법을 잘 모른다. 물론 이런 원리를 알면서도 두려워서 행하지 않는 리더도 있다. 파트너들이 강의를 듣고 자신을 무시하거나 자신이 해왔던 비즈니스 방법이 잘못되었다는 것이 알려질까 두려워

강사 초청을 꺼리는 것이다. 그런 리더는 대개 파트너들이 강의를 듣고 말을 잘 듣지 않으면 "머리만 커졌다"는 말로 파트너들을 기죽이곤 한다.

네트워크마케팅은 팀워크 비즈니스이다. 당신과 파트너들의 팀워크가 승패를 좌우한다. 또한 당신의 경험과 지식, 영향력을 보완해줄 수 있는 스폰서의 역할이 그 성공을 보장해준다. 그러기에 당신이 가장 신경 써야 할 것은 좋은 스폰서와의 유대관계이다.

당신이 성공을 바라는 만큼, 그룹 구성원이 성장하기를 바라는 만큼 거기에 어울리는 스폰서를 찾아라. 세상에는 이미 성공한 스폰서들이 많이 준비되어 있다. 그들의 풍부한 경험과 지식을 구하라. 그들의 강력한 영향력을 얻어라. 그들의 비전을 공유하라. 그런 스폰서가 많으면 많을수록 당신의 조직은 열정적이고 위대한 조직으로 변화할 것이다.

미국 풋볼에서 MVP의 영예를 안은 한국계 혼혈인 하인스 워드는 어떻게 해서 최고가 됐느냐는 기자들의 질문에 "제 뒤에는 어머니의 헌신적인 뒷바라지가 있었습니다. 어머니는 제게 항상 겸손하라고 가르쳐주셨습니다. 그 겸손이 저를 이렇게 성공하도록 만들었습니다"라고 대답했다.

"스승은 학생이 준비되어 있을 때 나타난다"는 말처럼 당신이 배울 준비가 되어 있으면 스폰서는 나타나게 마련이다.

세련된 자랑의 진수를 보여라

어느 날 네트워크마케팅 비즈니스에 뛰어든 지 10년이 넘은 베테랑 네트워커 최 사장이 나를 찾아왔다. 그는 경험이 풍부한 네트워커로 그룹뿐 아니라 회사 내에서도 인정을 받는 모범적인 리더이며 자신의 노하우를 아낌없이 나눠주는 존경받는 리더이다. 그래서 일주일에 두세 번은 상담을 해주는 것이 생활의 일부가 되었고 그 일로 많은 보람을 느낀다고 했다.

그런데 그는 간혹 어려운 일이 있다며 상담신청을 해놓고 만나면 상담이 아니라 엉뚱한 말만 하다가 가버리는 사람도 있다고 했다. 해야 할 얘기는 미뤄두고 자기 자랑이나 혹은 남의 험담을 늘어놓다가 간다는 것이다. 여러 계층의 다양한 사람들을 만나다 보니 웃지 못 할 해프닝도 많이 있을 것이다.

성공하는 비결은 자랑하는 것

네트워크마케팅은 개인의 능력과 역량보다 조직의 시스템과 문화를 잘 익히고 활용해 경제적 독립과 시간적 자유를 얻을 수 있는 효과적인 사업이다. 따라서 네트워크마케팅의 리더는 조직이 빠르게 성장할 수 있고 모두가 쉽게 복제할 수 있는 팀워크 리더십을 개발해야 한다.

그런데 일부 리더는 자신의 능력으로 모든 조직을 만든 것인 양, 모든 다운라인 리더를 자신이 키운 것인 양 착각하고 있다. 어쩌다 파트너 중 능력이 있는 리더와 갈등이 빚어지면 주위 사람들에게 그 리더가 자신의 말도 듣지 않고 스폰서를 무시한다며 자신의 정당성을 주장한다. 심지어 그 리더를 따돌리기도 한다.

그리고 가끔 파트너들이나 전문가들과 접촉할 기회가 생기면 그 리더에 대한 불만과 더불어 자신이 이룬 성과에 대해 강한 어조로 이야기한다. 그는 모든 사람이 자신의 동조자가 되길 바라지만 전문가는 그가 어떤 의도로 그런 이야기를 하는지 금방 눈치 챌 수 있다. 한마디로 그것은 누워서 침 뱉는 격이다.

네트워크마케팅의 본질은 자랑을 하는 데 있다. 자신이 사용해본 제품의 효과를 주위 사람들에게 마음껏 자랑해 제품을 써볼 수 있도록 하는 것이다. 그 노력에 대한 대가로 보상을 받는 것이고 그 일이 쉽고 재미있어서 많이 하다 보니 직장인 못지않은 수당, 나아가 웬만한 사업체를 운영하는 것 이상의 수당을 얻게 되는 비즈니스이다.

결국 '자랑하는 것'이 네트워크마케팅 비즈니스의 성공비결이다. 그래서 업라인들은 많은 초보 네트워커에게 어떻게 하면 자랑을 잘할 수 있는지를 끊임없이 가르친다. 또는 자랑을 잘하는 강사가 있으니 마음 놓고 고객들을 사업설명회에 초대하라고 부추기기도 한다.

하지만 이런 자랑과 달리 리더의 개인적인 영웅담이나 다른 사람을 무시하는 듯한 자랑은 오히려 팀워크를 해치는 결과를 초래한다. 처음 들을 때는 신비스럽고 감동적이고 대단한 것 같지만 자꾸 듣다 보면 결국 네트워크마케팅의 본질에서 벗어나는 자기 자랑으로 변질되어 버린다.

네트워크마케팅의 진정한 시작은 리더가 된 이후부터이다. 리더가 되기 전까지 개인적인 성공에 모든 것을 걸었다면, 리더가 된 후부터는 파트너들의 성공을 위해 고민하고 노력하고 행동해야 한다. 즉, '다른 사람의 성공을 위해 도와주며 나도 성공하는 사업'의 진정한 의미대로 비즈니스를 펼쳐야 하는 것이다.

이때부터는 '자랑하는 것'이 달라져야 한다.

자랑하는 법도 따로 있다

네트워크마케팅 비즈니스에서 자타가 공인하는 리더는 공식적으로 성공 스토리를 강연해야 할 자리가 아니면 가능한 한 '자랑하는 것'을 자제해야 한다. 스스로 자랑하지 않아도 분명 주위의 수많은 파트너가 입이 닳도록 리더에 대한 자랑을 늘어놓을 것이다.

이제는 리더로서 품격을 지키는 자랑을 하라. 세련된 자랑을 하라.

첫째, 파트너를 자랑한다.

성실하고 인격도 갖춘 파트너를 남에게 자랑하는 것은 참으로 기분 좋은 일이다. 이는 마치 좋은 친구를 다른 사람에게 자랑하는 것과 같다. 훌륭한 파트너를 자랑하는 것은 간접적으로 자신을 자랑하는 것이나 마찬가지다. 이 방법은 자랑하는 사람이나 그 대상자, 그리고 듣는 사람 모두가 유쾌한 일이다.

또한 원수처럼 지내는 파트너가 있다면 그 또한 남에게 자랑한다. 지금은 어떨지 모르지만 네트워크마케팅을 시작할 때는 한 명 한 명이 귀했을 것이고, 관심을 보이면 모든 것을 제쳐놓고라도 그 한 사람을 위해 달려갔을 것이다. 그런 열정으로 지금의 조직을 구성했을 텐데 이제 와서 싫으니 좋으니 따진다는 것은 우습지 않은가?

물론 상대방이 상식에 벗어나는 행동을 한다면 문제가 심각하겠지만, 일반적으로 스폰서는 파트너에게 '올챙이 시절을 잊고 기어오른다'고 생각하고, 파트너는 스폰서가 아직도 자신을 초보자나 아랫사람 취급을 한다고 생각해 갈등이 일어난다.

이럴 경우에는 오히려 스폰서가 주위 사람들에게 그 파트너를 자랑하는 것이 좋다. 직접적인 칭찬은 형식적이고 겉치레라고 생각할 수 있으니 이렇게 호일러 법칙을 활용하는 것이다. 그러면 그 파트너는 스폰서의 사랑에 감동받을 것이다. 더욱이 주위 사람들은 사이가 좋지 않음에도 파트너의 좋은 점을 자랑하는 스폰서의 리더십에 박수를 보낼 것이다.

둘째, 시스템을 자랑한다.

"저는 그저 스폰서 사장님이 하라는 대로 했을 뿐인데 이렇게 영광스런 자리에 서게 되었습니다. 이 모두가 스폰서 사장님이 알려준 시스템 덕분입니다." 이 말은 핀 수여식 때 많은 사람에게 도전의식을 심어준다. 이 말을 듣는 순간, 초보자는 '나도 저들처럼 시스템만 따르면 되겠구나' 하는 자신감을 얻기 때문이다.

그런데 안타깝게도 그 시스템을 이끌고 있는 리더가 서로 자신의 역할에 대한 자랑으로 파트너와 고객의 정신을 혼란스럽게 만드는 경우도 있다. "내가 최고다. 내가 그것을 만들었다. 내가 아니면 안 된다"는 식의 자랑은 자랑이 아니라 자만이고 욕심이다. 욕심은 분명 화를 부른다.

리더는 "제가 이렇게 성공할 수 있었던 것은 모두 시스템 덕분입니다. 저를 보십시오. 제가 능력이 있어보이나요? 지금의 제 모습은 모두 시스템에 의해 만들어진 것입니다. 그래서 네트워크마케팅이 쉽다는 겁니다"라며 시스템에 대한 자랑을 아끼지 말아야 한다.

네트워크마케팅은 자랑을 많이 하면 할수록 성공하는 비즈니스이다. 하지만 자기 자랑은 때와 장소, 상대를 가려가며 적절히 해야 한다. 특히 네트워크마케팅의 리더는 잘하면 명장이요, 잘못하면 졸장이 될 수 있기에 세련된 자랑은 필수다. 가장 훌륭한 명장은 부하를 자랑하고 믿음을 준 백성에게 감사하는 장군이다.

5장
위대한 네트워커를 만들자

물 흐르듯이

대기업에서 초고속 승진을 하며 임원까지 되었지만 스스로 자리를 박차고 나와 창업을 했던 임 사장은 1년 만에 보기 좋게 실패하고 방황하다가 네트워크마케팅에 뛰어들었다.

40대 초반의 임 사장은 준수한 외모에 몸에 배인 매너, 자신감 있는 모습, 카랑카랑한 목소리의 소유자로 누구나 그를 만나면 그 매력에 흠뻑 빠져든다. 그가 강단에 서기만 하면 누구도 흉내 내지 못할 그 열정에 일찌감치 좌석 예매가 끝날 정도다. 그러던 어느 날 임 사장이 나에게 전화를 걸어 넋두리를 늘어놓았다.

"원장님, 대체 언제까지 이렇게 몸을 혹사시켜야 하는 건지 모르겠어요. 미팅을 하면 매출이 오르고 좀 소홀히 하면 금방 매출이 떨어지니 미팅을 안 할 수도 없고… 모두들 제 얼굴만 쳐다보고 있습니다. 제가 생각했던 네트워크마케팅과 다른 것 같아요. 여행도 다니고 책도 읽고 마음껏 제 시간을 갖고 싶은데 지금 이대로는 전혀 그런 생각을 할 수가 없어요. 어떻게 해야 하죠?"

겉보기에는 화려했지만 그의 속은 곪아가고 있었던 것이다.

"임 사장님, 네트워크마케팅은 복제사업입니다. 사장님은 지금 깊은 함정을 파고 있군요. 사장님의 실력과 강의는 누구도 따르지 못할 만큼 훌륭하지만 그럴수록 파트너들은 복제하지 못합니다. 그러니 그들이 강력한 스폰서인 임 사장님을 찾는 것이지요. 조직이 많아질수록 사장님은 더 많이 뛰어다녀야 하고 결국 건강을 해칠 수도 있어요. 만약 그 상태에서 사장님이 한 달 이상 누워있다면 어떤 일이 벌어질까요? 불을 보듯 뻔합니다. 그것은 네트워크마케팅이 아닙니다."

리더가 다 같은 리더가 아니네?

네트워크마케팅에서는 정보가 위에서부터 밑으로 물이 흐르듯 자연스럽게 전달되어야 한다. 그래서 정보사업이자 복제사업이라고 하는 것이다. 네트워크마케팅의 성패는 리더가 얼마나 효과적으로 복제를 잘하느냐에 달려 있다.

최고리더의 역할은 크게 세 가지로 나눌 수 있다.
첫째, 동기부여와 비전 제시를 한다. 최고리더는 수많은 시행착오를 거쳐 성공에 이른 사람이다. 네트워크마케팅에 입문한 초보자나 현재 열심히 뛰고 있는 리더의 미래 모습이며 도달하고 싶은 위치이다. 최고리더는 '나도 저 위치에 도달할 수 있을까' 하고 의문을 표시하는 사람들 앞에 나서서 과거에 좌절하고 포기했던 순간, 그것을 극복하게 된 사연을 구구절절 털어놓는다. 모든 평범한 네트워커가 현재 안고 있는 생각과 불안감, 두려움을 해소해주고자 자신의 경험을 들려주는 것이다. 그리고

'나처럼 평범한 사람이 성공했다면 당신도 분명 성공할 수 있다'는 자신감과 용기를 북돋워준다.

둘째, 체계적인 교육 시스템을 구축하고 그룹 문화를 형성한다. 최고리더는 자신의 경험으로 동기부여와 비전 제시는 할 수 있지만, 자신의 경험과 지식만으로는 다양한 성격과 경험을 가진 많은 파트너를 효과적으로 관리할 수 없다.

객관적이고 체계적인 교육 시스템을 통해 조직에 참여한 남녀노소 누구나 계속 성장할 수 있는 기회와 자기계발을 할 수 있는 여건을 만들어주어야 한다. 교육은 지식뿐 아니라 그룹의 문화 형성에 큰 역할을 할 수 있는 회사의 경영철학, 리더의 올바른 자세, 시스템의 필요성과 봉사 및 헌신 등 휴먼 비즈니스에 관한 내용으로 가득 채워야 한다.

셋째, 리더 양성 세미나 또는 트레이닝 코스를 만든다. 최고리더의 노하우와 시스템을 복제할 수 있는 리더가 많아야 최고리더의 역할이 수월해짐과 동시에 조직의 전문성이 빨리 이루어진다. 주로 네트워크마케팅에서 리더를 양성하는 방법은 강사 트레이닝을 실시하는 것이다.

그룹의 전문성과 비전을 구분하는 척도는 그룹에 얼마나 많은 강사가 있느냐에 있다. 강사의 역할은 대단히 중요하다. 네트워크마케팅은 교육 사업이라는 이름에 걸맞게 사업설명회, 제품 강의, 사업자들을 위한 강의, 동기부여 등 교육이 필수불가결한데 그 역할을 강사가 맡는 것이다.

중간리더는 주로 '교육'을 많이 한다. 최고리더가 전달해 준

것을 체계적으로 먼저 학습하고 곧바로 파트너들에게 복제 교육을 한다. 또한 그룹이나 교육장에서 온갖 실무적인 일을 도맡아한다. 그룹이나 교육장의 모든 네트워커의 눈에 띄기 때문에 성공을 향해 끝없이 정진할 수밖에 없는 '샌드위치 리더'이다.

중간리더에게는 힘든 일이 많다. 할 일은 많고 티는 안 나고, 잘하면 당연하고 조금 못해도 모든 책임을 뒤집어쓰기 때문이다. 이 과정은 가히 '고행'이라고 할 수 있다. 그러나 이 과정을 거쳐야만 내공이 풍부한 최고리더가 될 수 있다.

거 참, 쉬운 사업이구만

아직 '리더'라고 자신 있게 말할 수 없는 네트워커를 사업자라고 부른다. 주로 중간리더의 강의나 미팅에 참여해 그들이 만든 시스템을 학습하고, 그 내용을 잘 정리해 자신의 파트너나 고객에게 전달하는 역할을 하기 때문이다.

사업자는 예상고객이나 부업자에게 회사, 제품, 보상플랜, 비전 같은 가장 기본적인 내용의 사업설명을 한다. 일정한 자격이 주어질 때까지 고객에게 끊임없이 사업설명이나 제품에 대해 직간접적으로 경험한 사례를 전달하는 것이다. 또한 소비회원과 부업자, 초보 사업자를 잘 구분하여 그들에게 맞는 자료를 분류해 체계적으로 전달하고 관리한다. 그러다 보면 소비회원이 부업자로, 부업자가 초보 사업자로 발전을 거듭할 수 있다. 이처럼 사업자는 언제 어디서든 사업설명을 할 수 있어야 한다.

마지막으로 초보 사업자는 제품의 효과와 사업에 대한 비전을 전달한다. 고객과 가장 많이 접촉하며 성공과 실패를 수없이 반복하는 사람들이다. 10명을 만나 이야기하면 8~9명은 부정적이거나 자존심 상하게 하는 사람들이고, 겨우 1~2명 정도가 제품을 써본다거나 비즈니스에 동참한다. 그래서 이들에게는 일정한 레벨에 오를 때까지 포기하지 않고 전진할 수 있는 최고리더의 동기부여와 비전 제시, 중간리더들의 헌신적인 교육, 사업자들의 끊임없는 후원이 필요하다.

가장 쉬운 것은 시스템에 참여해 하라는 대로만 하면 되는 것이고, 가장 어려운 것은 가까운 사람들의 부정적 인식이나 고객과 신경전을 벌이는 것이다. 이를 슬기롭게 극복하려면 경제 전문가, 동기부여가들의 책이나 동영상, CD를 지속적으로 보고 들어야 한다. 이 시기를 잘 거치면 네트워크마케팅은 그야말로 세상에서 가장 쉬운 사업이 되는 것이고, 그렇지 않으면 다시는 하고 싶지 않은 일이 될 것이다.

각자 맡은 역할만 제대로 한다면 누구나 네트워크마케팅에서 경제적 독립과 시간적 자유를 얻을 수 있다. 당신이 리더라면 파트너에게 역할을 부여하고 그들이 익숙해질 때까지 반복시켜라.

위대한 네트워커 만들기

ROTC 장교로 최전방에서 혹독한 군 생활을 거친 후 사단본부에서 일하다 소령으로 전역한 강 사장은 전역을 하자마자 아내의 친구 소개로 네트워크마케팅 비즈니스를 시작했다. 군인정신이 채 가시지 않은 탓인지 철저한 시스템 복제와 원칙 중심의 리더십으로 강 사장은 1년 만에 인정받는 리더가 되었다.

스폰서들은 앞 다투어 강 사장을 무대에 내세웠다. 그의 강직한 시스템 복제 방법과 스폰서에게 예를 갖추는 겸손한 태도를 모든 네트워커에게 본보기로 보여주기 위해서였다. 그런데 그 후 3년이 지나도 강 사장의 그룹에서는 강 사장 같은 리더가 나오지 않았다. 미팅이나 세미나에서는 여전히 강 사장이 앞에 나서야 했고 그가 빠지면 그의 그룹은 왠지 응원단장이 빠진 썰렁한 응원단 분위기였다.

처음엔 그럴 수도 있다고 생각했던 강 사장은 시간이 지날수록 점점 고민에 빠지게 되었다. 타 그룹에서는 최고 직급자가 속속 나오고 있는데, 강 사장 그룹만 소강상태였다. 그는 고민 끝에 나를 찾아와 상황을 설명해주었다. 내가 보기에 해결책은 의외로 간단했다.

"강 사장님, 우선 네트워크마케팅의 독특한 시스템을 아셔야 할 것 같습니다. 그중 리더에 대해 이렇게 생각해보십시오. '리더는 태어나는 것이 아니라 만들어지는 것이다.' 큰소리로 따라해 보세요."

예상고객 명단에 성공의 씨앗이 숨어 있다

네트워크마케팅이 매력적인 이유는 평범한 사람이 위대한 리더로 다시 태어날 수 있기 때문이다. 그렇다고 모든 네트워커가 위대한 리더로 변한다는 것은 아니다. 회사, 취급하는 제품 혹은 보상플랜에 따라 평범한 네트워커로 살아갈 수도 있고 위대한 리더로 성장할 수도 있다.

가장 중요한 것은 '어떤 리더를 만나느냐'에 있다. 네트워크마케팅의 성공 핵심을 짚고 있는 리더를 만난 사람은 행운아이다. 존 밀턴 포그가 쓴 《세상에서 가장 위대한 네트워커》에 등장하는 주인공처럼 말이다. 명장 밑에는 명장이 나온다고 하지 않던가?

위대한 네트워커를 만들기 위해서는 리크루팅 방법을 잘 살펴보아야 한다. 네트워크마케팅은 인맥유통이자 리더십 비즈니스이다. 좋은 상품을 구전을 통해 전달하고 사용할 수 있도록 하면서 고객을 네트워커로, 네트워커를 리더로 성장시키는 비즈니스인 것이다. 따라서 처음을 어떻게 시작하느냐가 중요하고 그 시작이 성공을 좌우한다.

우선 초보 네트워커와 함께 그의 예상고객 명단을 이렇게 작성해보라. 예를 들어 초보 네트워커의 이름을 박희망이라고 해보자. A클래스에는 박희망 씨가 알고 있는 사람 중에서 박희망 씨보다 성공했거나 전문가, 어른, 선배 등을 올려놓는다. 박희망 씨가 스스럼없이 대할 수 있고 부탁을 하면 들어줄 수 있는 가족, 친척, 친구, 동료, 이웃 등은 B클래스로 분류한다. 앞으로 만나게 될 처음 만나는 사람과 A 그리고 B클래스에 속한 사람 중 박희망 씨를 100퍼센트 믿어 주는 사람을 C클래스에 올려놓는다.

본인	관계	분류	내 용
박희망	〈	A	성공자, 전문가, 어른, 선배 등
박희망	=	B	가족, 친척, 친구, 동료, 이웃 등
박희망	〉	C	처음 만나는 사람, 100% 믿어 주는 사람

리크루팅은 C → B → A의 순서로 한다. 그런데 초보자들은 대부분 가장 가까운 사람부터 리크루팅을 하려고 한다. 물론 그동안 하는 일마다 성공해서 주위로부터 두터운 신뢰를 얻고 있다면 상관없지만 그렇지 않은 상황에서 가까운 가족, 친구, 친척을 리크루팅 했다가는 큰 실패를 경험하게 된다.

박희망 씨 같은 초보 네트워커에게 가장 중요한 것은 '자신감'이다. 성공할 때까지 네트워크마케팅의 비전과 매력을 얼마나 유지할 수 있느냐를 좌우하는 것은 열정, 즉 자신감이다. 그런데 처음 몇 명의 예상고객을 만나 거절이나 충고, 심지어 모욕까지 당한다면 네트워크마케팅에 대한 비전과 매력은 여지없이 깨지고 만다. 특히 우리는 정이나 의리를 중요시하는 정서가 강하기 때문에 가족, 친척, 친구 같은 가까운 사람이 쉽게 호응해 주지 않거나 오히려 좋지 않은 반응을 보이면 쉽게 좌절할 수 있다. 그래서 쉽지는 않지만 자신과 전혀 인간관계가 없는 C클래스에 있는 사람부터 리크루팅을 하는 것이다.

물론 C클래스에 있는 사람 중에서도 부정적인 반응을 보이는 사람이 있겠지만, 가까운 사람이 보이는 반응에 비해서는 아무것도 아니다. 가까운 사람보다 기대가 적은 만큼 '인생역전의 멋진 기회를 주는데도 이 사람은 아직 준비가 안 되어 있구나!'라는 생각으로 빨리 다음 고객을 찾아가기가 더 쉽기 때문이다.

리크루팅(컨택)은 리더십의 훈련장이다

박희망 씨에게 C클래스에 300명 정도의 예상고객 명단을 작성해서 하루에 3~5명에게 STP(Show the plan)를 하게 한다. 3개월 정도 C클래스의 고객에게만 STP를 한다. 그러면 통계적으로 10퍼센트를 사업자로 후원할 수 있고, 또한 10퍼센트는 부업자나 소비회원으로 후원할 수 있다. 결과적으로 박희망 씨는 3개월 후 30명의 사업자와 30~50명의 부업자 및 소비회원을 구축할 수 있다.

중요한 것은 박희망 씨가 사람을 만나 어떻게 해야 할지 몰라 안절부절못하던 모습에서 벗어나 매일 발전을 거듭한다는 것이다. 한 달 후에는 STP를 진행하는 모습과 목소리가 달라지고, 두 달 후에는 상대방에 따라 제품과 비전을 전달하는 방법 및 태도가 달라진다. 그리고 3개월 후에는 완벽한 네트워커의 모습으로 인간관계를 통해 성공률을 훨씬 높이게 된다.

그때쯤이면 이미 구성된 사업자들의 미팅을 주최하고 부업자와 소비회원들을 잘 관리해 그룹에서 새로운 사업자와 부업자, 소비회원을 계속 탄생시키게 된다. 그러면 박희망 씨에게는 누구에게도 상처받지 않을 강력한 자신감과 열정 그리고 믿음이 형성된다.

이런 멋진 결과를 보여줄 대상은 바로 B클래스에 있는 가족, 친척, 친구, 동료, 이웃 사람들이다. 3개월 동안 필드에서 단련한 STP 기술과 조직을 만들고 관리하면서 연마한 리더십을 동원해 B클래스에 있는 사람들을 깜짝 놀라게 할 수 있기 때문이다. 그들에게는 제품과 보상플랜, 비전보다 박희망 씨가 네트워크마케팅을 통해 변화된 모습과 짧은 기간에 이룬 성과가 가장 큰 무기이다.

가장 좋은 방법은 박희망 씨 그룹이 좋은 장소에서 정기적인 그룹 행사나 세미나를 할 때 B클래스에 있는 고객 중 한 명을 초대하는 것이다. 지금까지 매일 3~5명에게 STP를 했던 무지막지한 리크루팅이 아니라 품위 있게 한 달에 한두 명 정도를 초대하는 형식을 취한다. 가족 중에 가장 영향력 있는 한 사람, 친구 중에 가장 영향력 있는 한 사람 등 B클래스에 있는 사람들 중 소수의 영향력 있는 사람만 초대해도 그 시너지 효과는 엄청나다.

이때는 리크루팅을 목적으로 하지 않고 초대해서 그냥 보여주기만 하면 된다. 박희망 씨가 얼마나 멋지게 변화했는지, 조직을 얼마나 잘 이끌고 있는지를 말이다. 팔은 안으로 굽는다고 하지 않던가? B클래스에 속한 사람들은 대부분 정과 의리관계에 있는 사람들이기 때문에 박희망 씨의 성과에 긍정적인 호응, 아니 호들갑을 떨면서 적극적인 반응을 보일 것이다.

 몇 개월 후 박희망 씨는 B클래스를 통해 빠른 승급과 강력한 리더십을 발휘하는 최고리더로 성장할 것이고, 그룹 행사나 세미나도 규모 있게 호텔이나 컨벤션 센터에서 진행하게 된다. 이때는 B클래스와 같은 방법으로 A클래스의 고객들을 초대한다. A클래스의 고객은 평소 국제적인 포럼, 세미나, 워크숍 등을 자주 접해 보았고 경제적인 감각과 유통에 대한 지식도 많기 때문에 규모 있는 박희망 씨 그룹의 행사에 초대되면 박희망 씨에 대해 또 다른 생각을 갖게 된다.

 변화한 박희망 씨의 모습뿐 아니라 어려운 경제상황에도 짧은 기간 내에 훌륭한 성과를 이룬 것에 깊은 신뢰를 보내는 것이다. 이런 초대와 감동이 계속 이어지면서 A클래스에 있는 고객이 부업으로, 사업으로 참여해 조직은 점점 전문화한다.

 이렇게 박희망 씨는 평범한 소비자에서 전문적인 네트워커로, 나아가 위대한 리더로 성장하게 된다. 이것이 바로 네트워크마케팅의 매력이다. 나는 강 사장에게 리크루팅을 잘하는 기법이 아니라, 리크루팅을 통해 네트워커가 리더십을 계발하는 방법을 알려주었다.

 네트워크마케팅에서 위대한 리더가 되기를 원한다면 리크루팅을 즐기는 방법을 알려라. 리크루팅을 통해 성장하는 방법을 가르쳐라. 리크루팅으로 리더를 만들어라.

훌륭한 선수를 양성하라

어린 시절을 불우한 환경에서 자란 황 사장은 검정고시로 중·고교 과정을 마치고 일찌감치 사회에 발을 들여놓았다. 직장을 다니면서도 그는 특유의 성실함으로 자격증을 다섯 개나 취득했고, 그러한 성실성을 눈여겨본 선배로부터 네트워크마케팅을 소개받았다.

황소처럼 우직하게 일하는 황 사장은 모든 스폰서에게 인정받는 노력파였고, 스폰서들은 앞 다투어 그를 헌신적으로 도와주었다. 그 결과 황 사장은 3년 만에 리더가 되었고 전국의 모든 그룹으로부터 초청을 받는 모범적인 강사로도 인기가 높았다.

그 후 2년간 그는 자신을 돌보지 않고 전국 어디든 달려가 네트워크마케팅을 통해 변화된 자신의 성공 스토리를 열정적으로 쏟아냈다. 황 사장 덕분에 스폰서 그룹은 매년 2배 이상 성장했다.

그런데 요즘 들어 황 사장은 앵무새처럼 반복되는 자신의 이야기에 흥미를 잃고 말았다. 더 이상 열정적인 강연을 하기가 어려워진 것이다. 고민을 감싸 안고 힘들어하는 그에게 나는 이런 조언을 해주었다.

"황 사장님, 지금까지는 황 사장님의 성공 스토리와 사명감이 사람들에게 많은 영향을 주었습니다. 남에게 도움을 줄 수 있다고 생각하니 당연히 강의는 열정적이었겠지요. 그런데 지금 황 사장님의 강연을 듣는 사람은 대부분 황 사장님의 강연을 들어본 사람들일 겁니다. 그러니 분위기가 당연히 예전 같지 않지요. 이제는 황 사장님의 열정과 사명감을 제2의 황 사장님을 키우는 데 쏟으세요."

황 사장은 훌륭한 선수였지만 황 사장을 대신할 선수가 없었다. 그래서 황 사장에게 코치가 되어 훌륭한 선수를 양성하는 방법을 알려준 것이다.

강사를 만들어라

네트워크마케팅에서 가장 빠른 시간 내에 강사를 양성하는 방법은 이미 갖추어진 시스템을 익히게 하고 그대로 따라하게 하는 것이다. 이는 네트워크마케팅의 모든 성공원리와 같은 이치이다.

강사를 만드는 과정은 3단계로 나눌 수 있는데 제1단계는 정보습득, 제2단계는 정보정리, 제3단계는 정보전달이다.

제1단계 정보습득 과정은, 당신의 파트너 중 강사 후보에게 매일 사업설명회에 참여하도록 하는 것이다. 매일 사업설명회에 참여하면 그룹 강사의 다양한 강의 스타일을 익힐 수 있다. 그리고 사업설명회 전체의 흐름을 파악할 수 있다. 또한 사업설명회의 중요한 포인트가 되는 '강사가 중점적으로 강조하는 부분'을 알 수 있다. 강사마다 비전 제시나 감동을 전달하는 방법이 다른데 그것도 배울 수 있고 강의에 대한 고객의 반응을 바로 옆에서 파악할 수 있다.

제2단계 정보정리 과정은, 사업설명회 내용을 정리하게 하는 것이다. 우선 그룹 강사 1명당 10회 이상 강의를 듣고 그 내용을 그대로 적게 한다. 만약 그룹 강사가 10명이라면 총 100회의 강의를 듣고 그 내용을 100번 적게 되는 것이다. 그리고 모든 강사가 똑같이 말하고 있는 객관적인 내용을 자신의 강의대본으로 정리하도록 한다. 예를 들어 회사, 제품, 보상플랜 등은 어떤 강사가 말해도 특별히 다르지 않다. 그러한 사업설명회 내용을 자신이 직접 쓰게 한다. 100번 이상 정리해보았기 때문에 별다른 어려움은 없을 것이다.

그런 다음 일정기간, 즉 5~7일 동안 자신이 작성한 사업설명회 강의안을 달달 외우도록 한다. 이런 준비가 끝나면 스폰서나 파트너들 앞에서 실전처럼 발표하게 한다. 이때 괜찮다 싶으면 당신이 적극 추천해 사업설명회에서 정식으로 강의할 수 있도록 한다.

사랑받는 강사에 도전해보자

강사가 된다는 것은 참으로 멋진 일이다! 수많은 사람 앞에서 열정적인 강의로 다른 사람에게 꿈과 용기를 주는 것은 생각만 해도 멋지다. 하지만 자칫 잘못했다가는 민폐를 끼칠 수도 있다. 강사의 말 한마디, 행동 하나가 사람을 살리기도 하고 죽이기도 하기 때문이다.

그래서 강사는 항상 자기계발을 소홀히 해서는 안 된다. 매일 성공 프로그램이나 성공에 관한 책을 보며 실천해야 한다. 나아가 각계각층의 강사가 진행하는 세미나에 참가해 좋은 정보를 습득해야 한다.

중요한 것은 항상 최고의 정장을 갖추고, 최고의 자세로 최고의 미소를 짓고 있어야 한다는 것이다. 최고의 정장이라고 해서 비싸고 화려해야 한다는 것은 아니다. 오히려 비싸고 화려한 것보다 깔끔하고 세련된 모습이 신뢰감을 줄 수 있다. 미소는 아침에 집을 나서기 전에 거울을 보면서 항상 연습하도록 한다. 이렇게 준비가 되었다면 제3단계 정보전달 과정으로 들어간다.

정보전달은 몇 가지 과정으로 나눌 수 있는데, 첫 번째는 강의하기 전에 준비를 철저히 하는 습관을 익혀야 한다. 예를 들어 마이크, 음향, 조명, 노트북, 스크린 등 강의에 필요한 각종 기기 점검과 리허설, 진행자와 충분한 대화가 있어야 한다.

강의 중간에 마이크 볼륨이나 잡음 때문에 신경이 거슬릴 수 있고 노트북이 호환이 안 돼 강의를 망칠 수도 있다. 또한 빔 프로젝트나 스크린이 제대로 작동하지 않아 맥이 끊기기도 한다. 그래서 강의 시작 30분 전에 모든 것을 점검하고 완벽하게 준비를 해놓아야 한다.

두 번째는 강의할 때의 자세이다. 진행자의 강사 소개가 끝나고 강단에 올라서면 정확하게 중앙에서 정중하게 인사한다. 칠판이나 스크린이 있다면 인사 후 강의하기 적당한 자리로 이동시키면 된다.

시선은 중앙을 향하는 것이 좋고 혹시 초보 강사라면 분위기의 영향을 받을 수 있으니 고개를 끄덕이거나 미소를 지어주는 긍정적인 고객을 중심으로 강의를 하는 게 좋다. 필기할 때는 되도록 등을 보이지 않도록 옆으로 선 자세를 취한다.

특히 강의를 할 때 주머니에 손을 넣는 것은 금물이다. 대학이나 회사 세미나에서는 내용만 잘 전달되면 그만이지만, 네트워크마케팅에서는 강의하는 내용뿐 아니라 강사의 이미지나 태도도 고객에게 큰 영향을 미치기 때문이다.

세 번째는 강의 내용이다. 시작은 반드시 공감대를 형성할 수 있는 이야기로 풀어간다. 예를 들면 시사내용, 뉴스, 좋은 이야기 등이 있다. 그리고 강의의 전체 내용은 강약이 있어야 한다. 특별히 재미있게 진행하는 강사가 아닌 이상 작은 목소리나 큰 목소리로 일관되게 계속 강의하면 졸거나 짜증이 날 수 있다. 내용에 어울리는 감정도 적절히 섞어 강약을 조절해야 한다.

훌륭한 코치 밑에는 훌륭한 선수가 있다. 훌륭한 선수가 코치가 될 수 있도록 하는 것은 훌륭한 코치의 중요한 역할이다. 네트워크마케팅에서 크게 성공한 그룹에는 훌륭한 강사가 많이 있다. 당신이 네트워크마케팅에서 크게 성공할 수 있는 지름길은 당신 그룹에 훌륭한 강사를 많이 만드는 것이다.

강사를 만들어라. 폼생폼사의 리더를 만들어라. 멋진 리더를 양성하는 네트워커가 세상에서 가장 훌륭한 네트워커이다.

VIP를 초대하라

"어제 초대한 강사는 덕망 있고 훌륭한 분이었습니다. 행사에 참여한 파트너들 모두 큰 감동을 받았다고 침이 마르도록 칭찬과 고마움을 아끼지 않았습니다. 그런데 무슨 일인지 그분께서는 계속 언짢은 표정을 짓고 계시더라고요. 좋지 않은 일이 있었느냐고 여쭤보았더니 귀찮은 듯 대답도 없이 서둘러 가시더군요. 오늘 아침 그분 비서에게 연락이 왔는데 제가 실수를 했다며 다시는 연락하지 말라고 했습니다. 너무 놀라 어떤 실수를 했느냐고 몇 번이나 물어보아도 비서도 모르겠다고 하더군요. 대체 제가 무슨 실수를 한 거죠?"

집안 형편이 좋지 않아 고등학교에도 가지 못하고 과일 장사를 시작한 현 사장은 생활이 안정된 후, 야간고등학교를 거쳐 방송통신대학에 진학했다. 어느 날 그는 방송통신대학 친구를 통해 네트워크마케팅 세미나에 참석했다가 그날 회원으로 가입하고 일주일도 되지 않아 과일가게를 다른 사람에게 넘긴 다음 전업으로 뛰어들었다.

성실하게 살아온 현 사장을 지켜보았던 주위 사람들은 무모하리만큼 적극적인 현 사장을 걱정하면서도 겉으로 내색하지는 않았다. 그리고 현 사장이 찾아오면 흔쾌히 얘기를 들어주고 제품도 사서 쓰고 미팅에도 참여해주었다. 결국 얼마 지나지 않아 시장 사람들 대부분이 회원으로 등록하는 것은 물론 몇몇 사람은 아예 현 사장처럼 가게를 정리하고 전업으로 뛰어들기까지 했다. 그 결과 현 사장은 2년 만에 리더가 되었고, 동네에서는 또 다른 성공신화를 창조한 인물로 유명해졌다.

현 사장의 인생역전 드라마는 그룹에서 가장 강력한 동기부여와 성공 스토리가 되었고, 현 사장은 전국을 다니며 자신의 이야기를 거침없이 쏟아냈다. 그러다가 최근 체계적인 교육의 필요성을 깨달은 그는 그룹을 위해 자신의 이야기보다 멋지고 감동적인 이야기를 들려줄 외부강사를 초대한 것이다.

나는 현 사장에게 몇 가지 질문을 해본 결과 그가 큰 실수를 했다는 것을 알게 되었다. 그는 내 지적을 듣고 난 후 자신의 실수를 깨달았고 큰 교훈을 얻었다며 정중하게 인사를 하고는 자리를 떴다. 현 사장은 VIP를 초대하고 예우하는 방법을 잘 몰랐던 것이다.

VIP 초대하기

VIP를 초대하는 것은 회사나 그룹의 각종 행사를 돋보이게 하기 위한 효과적인 방법이다. VIP의 효과를 최대한 높이기 위해서는 VIP를 최고의 예우로 대접해야 한다. 그렇다면 어떤 것이 최고의 예우일까?

VIP는 명예나 자존심을 소중히 여기기 때문에 큰 것보다 작은 것에 신경을 써야 한다. 사소한 배려를 잊어 기분 상하게 하는 것은 곧 VIP의 명예나 이미지에 손상을 입히는 것이나 마찬가지다. 따라서 VIP를 초대하기 전부터 배웅할 때까지 최고의 기분을 유지할 수 있도록 해야 한다.

  VIP를 초대하는 데는 3단계의 과정이 있다.
  제1단계는 행사(세미나)의 성격 정리하기이다. 행사(세미나)의 성격은 형식과 내용에 따라 두 가지 형태로 나눌 수 있다. 형식에 따라 정리하는 방법은 사업설명회 · 상품설명회 · 랠리 같은 1일 행사, 직급자 교육과 친목 그리고 팀워크를 위한 1박2일(2박3일) 행사, 특별한 프로모션에 합격한 리더들을 위한 해외 연수나 컨벤션이 있다. 내용에 따라 정리하는 방법은 회사(그룹) 오픈식 · 랠리 · 컨벤션 행사에 맞는 축사나 인사말, 회사(그룹)의 특별행사 혹은 세미나에 맞는 특강이나 동기부여, 회사(그룹)에서 진행하는 직급별 심화교육을 할 때 필요로 하는 워크숍이나 트레이닝이 있다.
  이런 방법으로 행사나 세미나의 성격을 정리하면 어떤 VIP를 초대해야 하는지 금방 파악할 수 있을 뿐 아니라, 초대받는 VIP도 자신이 어떤 역할과 내용을 준비해야 하는지 정확히 알 수 있다.
  제2단계는 초청장 보내기이다. 초청장은 VIP에 대한 비즈니스 매너이자 예우 표시이다. 이미 전화로 VIP를 초대하고 모든 것이 준비되었다고 해도 당신은 초청장을 보내 행사를 주최하는 당신의 품격을 대외적으로 높일 수 있어야 한다. 정성스럽게 준비한 초청장은 직접 전달하거나 미리 연락한 뒤 우편으로 발송하는 것이 좋다.

초청장에 들어갈 내용은 행사 성격을 한눈에 알아볼 수 있는 제목이나 간단한 내용과 함께 정중한 초청의 인사말을 넣는다. 혹시 프로그램 중에 VIP 강의가 있으면 그 부분의 시간과 제목에 특별히 표시를 해서 눈에 띄게 한다. 뒷면이나 맨 아래에는 반드시 행사장 약도와 주소, 전화번호를 정확하게 기입한다.

제3단계는 초대 확인 및 초대 준비하기이다. 우선 1~3일 전에 VIP에게 일정에 차질이 없는지 확인 전화를 한다. 유명한 VIP일수록 생각지도 못한 변수가 생길 가능성이 크므로 '공인이니까 알아서 약속을 지키겠지' 하고 안심하지 말고 반드시 확인을 해야 한다. 이때 연락은 행사 주최자(대표이사, 그룹대표)나 대리인이 한다.

초대 준비는 간단하다. 우선 행사장 입구의 눈에 잘 띄는 곳에 VIP 안내표찰을 달고 있는 안내자를 배치한다. 행사장 내에는 VIP 접견실을 준비하고 담당자를 배치한다.

VIP 안내하기

VIP가 자가용을 이용해 지방에 있는 행사장에 온다면, 안내 차량을 그 지역 I.C(Inter Change)에 보내 행사장까지 안내할 수 있도록 한다. 주차장에는 VIP 차량이 문제없이 주차할 수 있도록 VIP 전용 주차공간을 마련해둔다. VIP 안내자는 VIP가 차에서 내리는 순간부터 약간 앞에서 접견실까지 정중히 안내한다. VIP가 항공기나 열차, 고속버스를 이용한다면 VIP 도착시간 10~30분 전에 공항(역, 터미널)에 안내자를 대기시킨다. 그리고 VIP에게 미리 안내자가 대기하고 있음을 알려준다. 출구에 VIP 모습이 보이면 정면으로 다가가 정중하게 인사를 하고 안내한다.

행사가 시작되고 행사장으로 입장할 때는 안내자가 VIP 입장 순서와 좌석을 미리 알려준다. VIP 좌석은 주로 맨 앞에 있고 이미 행사장에 들어와 있던 수많은 사람이 VIP가 입장하는 모습을 지켜보고 있을 것이므로 안내자가 정확히 알려주지 않으면 VIP가 당황하거나 실수하는 모습을 보여줄 수도 있다.

VIP 테이블에는 VIP 명패와 음료수, 행사 프로그램 자료가 준비되어 있어야 한다. 중간에 마음대로 이동할 수도 없고 누구에게도 물어볼 수 없는 상황에 놓여 있는 사람이 VIP이기 때문에 VIP 좌석 가까운 곳에는 행사가 끝날 때까지 VIP를 도와주고 안내하는 사람을 배치해 불편함이 없도록 한다.

또한 VIP 좌석 주변에는 일반인의 접근을 막아야 한다. 행사장에 늦었거나 자리가 없어 여기저기 돌아다니던 일반인이 가끔 자리가 비어 있는 VIP 좌석에 눈치 없이 덜컥 앉아 나중에 온 VIP나 잠시 자리를 비웠다가 돌아온 VIP가 뭐라 말도 못하고 당황하는 경우도 있다. 이런 문제는 행사 요원이나 VIP 도우미가 있어야 해결될 수 있다.

VIP를 배웅할 때도 소홀함이 없도록 해야 한다. 감사의 말과 함께 정중한 인사를 하고 차가 떠날 때까지 가족을 보내는 것처럼 기쁘고 아름다운 모습을 보여준다. 가끔 마무리를 깔끔하게 하지 못해 점수를 몽땅 잃어버리는 리더가 있다. "아휴, 바빠서 가시는 모습도 못 뵈었습니다. 죄송합니다. 다음에 또 연락드리겠습니다." 이런 변명은 버스가 떠난 뒤에 손을 흔드는 것과 같다. VIP의 영향력이 당신의 비즈니스를 더욱 세련되고 돋보이게 할 수 있는 비결은 VIP를 최고로 예우하는 것이다.

자신만의 시나리오를 만들어라

 동네 번화가에서 10년 넘게 화장품 가게를 운영하다가 단골고객의 소개로 네트워크마케팅 회사의 제품을 써본 후, 그 효능에 반해 사업을 시작하게 된 채 사장은 그동안 판매 경험에서 쌓은 노하우로 승승장구하였다. 타 제품과의 차별성에 대한 설명이나 고객의 심리를 파악해 서비스를 하는 것이 다른 네트워커가 혀를 내두를 정도로 뛰어났던 것이다.
 더욱이 그 맛깔스런 언변 때문에 회사에서 주최하는 중요한 세미나나 행사 때는 으레 제품설명회 전문 강사로 선발되어 무대에 섰다. 그는 그런 멋진 기회와 대우에 만족하며 누구보다 열심히 네트워크마케팅 비즈니스를 즐겼다.
 하지만 채 사장은 곧 한계에 부딪혔다. 소득은 같은 직급의 다른 네트워커보다 두 배 이상이었지만 전국에 흩어진 소비자, 부업자, 파트너들을 위해 매일 홈미팅을 했기 때문이다. 그렇지 않으면 곧바로 매출과 소득이 떨어지기 일쑤였다.
 "하루에 거의 3~4시간 정도 잠을 자면서 전국을 뛰어다닌 지 벌써 2년이나 됐습니다. 그룹에서도 인정할 만큼 홈미팅에 대해서는 따라올 사람이 없을 정도지요. 덕분에 소비자와 부업자는 그룹에서 최고로 많은데 정작 저와 같은 사업자는 나타나지 않아요."

채 사장의 비즈니스 방법을 분석해보니 문제가 많아 차분히 설명을 해주었다.

"채 사장님은 나름대로 열심히 하셨지만 제대로 한 것은 아닙니다. 네트워크마케팅의 매력은 '복제'에 있습니다. 자신의 역할을 파트너에게 전수해 일정 시간이 지나면 그들이 자신의 역할을 대신하게 해야 하지요. 그런 파트너를 계속 만들어 거대한 조직으로 성장시켜야 합니다. 그 조직이 내가 많은 시간과 노력을 들여 해야 할 일 또는 역할을 짧은 시간에 해냄으로써 내가 시간적 자유를 누리고 경제적 독립을 할 수 있는 것입니다. 예를 들어 1만 명의 조직을 만드는 데 3년이 걸렸다면, 3년 후에는 내가 1만 일 동안에 해야 할 일을 1만 명이 하루 만에 해치울 수 있습니다. 그런 조직이 1년, 5년, 10년 동안 일해 올린 매출액과 거기에 따른 수당이 나에게 지속적으로 제공되는 것이 네트워크마케팅의 복제의 힘입니다. 채 사장님은 복제보다 제품판매에 집중했기 때문에 힘들었던 겁니다. 복제를 잘하기 위해서는 먼저 네트워커 자신이 멋진 상품이 되어야 합니다. 채 사장님의 스토리를 상품으로 만들어보십시오."

나만의 이야기를 시나리오로 만들자

네트워크마케팅을 쉽게 할 수 있는 것은 회사에서 제공하는 우수한 제품 덕택이다. 제품에 대한 전문적인 지식이 없어도, 마케팅에 대한 전문가가 아니어도, 사업에 대한 경험이 없어도 누구나 제품을 써보고 경험한 효능과 효과를 자랑할 수 있기 때문이다.

그런데 똑같이 자랑을 해도 어떤 네트워커에게는 사업자가, 또 다른 네트워커에게는 부업자가 그리고 어떤 네트워커에게는 유독 소비자가 몰리는 것을 볼 수 있다. 그것은 네트워크마케팅 성패에 큰 영향을 미친다.

왜 이런 현상이 벌어지는 것일까? 그것은 제품을 전달하는 사람이 어떤 모습으로 어떤 내용을 전달하느냐에 따라 고객이 사업에 대한 비전, 부업에 대한 관심, 제품에 대한 효과 중 하나를 느끼기 때문이다.

이왕이면 제품에 대한 효과뿐 아니라 사업에 대한 비전을 느끼게 하는 것은 어떨까? 그러기 위해서는 먼저 당신 자신을 멋진 상품으로 만들어야 한다. 당신의 인생역전 드라마를 위한 시나리오를 작성해야 한다. 시나리오를 작성하는 순서는 다음과 같다. 여기서는 예문까지 곁들여본다.

첫째, 전직(前職)을 작성한다. 네트워크마케팅을 만나기 전의 직업에 대해 쓰는 것이다. 여러 가지 일을 했다면 그중 가장 비중 있던 일을 적는다.

"저는 지난 15년간 목동에서 15평짜리 화장품 가게를 운영했습니다."

"저는 8년간 경영학과 교수로 있었고 그 후 3년간 20여 명의 직원을 거느린 벤처기업의 대표이사였습니다."

둘째, 전직에서의 꿈을 작성한다. 혹시 별다른 꿈 없이 열심히 일만 했다면 전직에서의 최고 위치를 설정한다.

"그때 제 꿈은 화장품 가게를 50평으로 넓히는 것이었습니다."

"그때 제 꿈은 회사를 코스닥에 상장시키고 세계 30개 나라에 지사를 여는 것이었습니다."

셋째, 장애요인 혹은 더 나은 기회를 작성한다. 인생역전의 가장 중요한 대목이다. 그 꿈을 이룰 수 없었던 구체적인 장애요인이나 꿈을 이루었지만 더 나은 것을 찾게 되는 과정을 쓴다.

"하지만 주위에 대형 화장품 매장이 들어서면서 저희 가게 매출은 점점 떨어지기 시작했고 결국 1년도 못 버티고 문을 닫게 되었습니다."

"IMF로 인해 회사가 부도났고 집까지 경매에 날아가 신용불량자가 되었습니다."

넷째, 네트워크마케팅을 만나게 된 계기를 작성한다. 네트워크마케팅을 만나게 된 특별한 계기를 작성하는 것이다. 특히 사업설명회에 참석해서 감동을 받았다는 것을 강조한다.

"며칠 동안 밥도 못 먹고 실의에 빠져 있을 때 평소 허물없이 지내던 단골고객 정○○로부터 사업설명회를 듣고 무점포, 무자본으로 할 수 있는 사업이라는 것에 매력을 느껴 시작하게 되었습니다."

"실업자로 하루하루 노숙자처럼 지내던 어느 날 대학동창 박○○로부터 사업설명회에 가보라는 권유를 받고 세미나에 참석하게 되었습니다. 그때 '이것이 바로 내가 찾던 비즈니스구나'라는 생각으로 시작하게 되었습니다."

다섯째, 네트워크마케팅을 통해 변화된 것을 작성한다. 이것이 고객에게 관심을 끌 수 있는 부분이다. 당신이 경험한 네트워크마케팅을 간접적으로 자랑할 수 있기 때문이다.

"2년 만에 지난 15년간 가게를 운영하면서 벌었던 돈을 벌 수 있었고, 이제는 1년에 두 차례 가족과 함께 해외여행도 다니며 행복한 생활을 하고 있습니다."

"1년도 채 안되었지만, 벌써 미국, 캐나다, 일본, 대만 등에 파트너들이 생겨 많지는 않지만 외화를 벌고 있고, 매달 그들을 위해 해외로 나가 세미나를 열고 있습니다."

여섯째, 네트워크마케팅에서의 꿈을 작성한다. 과거에 이루지 못했던 꿈을 다시 꾸는 것도 좋고, 그보다 더 가치 있고 큰 꿈을 작성하는 것도 좋다.

"이제는 제가 큰 꿈을 꾸게 되었습니다. 5년 후 서울 근교에 300평짜리 전원주택을 지어 시골에 계신 노부모님도 모셔오고 나중에 장학재단도 설립할 것입니다."

"벤처기업에서 이루지 못했던 꿈을 전세계 30여개 나라에 그룹을 만들어 해외여행과 성공 세미나를 매년 여는 것으로 더 멋있게 이룰 것입니다."

일곱째, 단기목표와 다짐을 작성한다. 제품을 판매하기 위해서는 제품설명 후 고객을 설득하든가 고객의 마음을 사기 위해 온갖 노력을 기울여야 한다. 하지만 비즈니스에서 고객을 파트너로 만들 수 있는 강력한 방법은 당당하고 자신에 찬 당신의 의지와 확신이다.

"저는 그 꿈을 이루기 위해 매년 3억 원을 저축할 것이며, 그 첫 번째로 올해 다이아몬드가 꼭 될 것입니다. 이번 달 목표는

루비입니다."

"저는 그 꿈을 이루기 위해 3개월에 1명씩 새로운 나라에 파트너를 만들 것이며, 성공프로그램 코스에 참여해 올해 12월까지 동기부여 강사 자격을 반드시 취득할 것입니다. 이번 달 목표는 골드입니다."

짧지만 인생역전 드라마를 보듯 드라마틱하게 작성하라. 당신이 어떤 일을 했고 무엇을 꿈꾸었으며 무엇 때문에 힘들었는지, 어떤 특별한 인연으로 네트워크마케팅을 알게 되어 지금 제2의 인생을 살고 있는지, 그리고 인간이면 누구나 바라는 경제적 풍요와 행복을 누리기 위해 어떤 모습으로 활동하는지 등을 진지하게 작성하라. 제품의 우수성이나 보상플랜의 비전보다 당신의 시나리오가 고객에게 더욱 감동을 주고 믿음을 줄 것이다. 당신만의 시나리오를 만들어라.

리더십을 저축하라

대기업 기획실에서 5년 그리고 기업 연수원에서 10년을 근무한 장 사장은 전형적인 엘리트 출신으로 동창회에 나갔다가 고교 단짝으로부터 네트워크마케팅에 대한 설명을 듣고 부업으로 시작했다. 그는 스폰서의 성실한 안내와 연수원에서의 실력을 유감없이 발휘해 3년 만에 중상위 리더가 되었다. 더욱이 그룹에서는 기획이나 교육에 관한 한 그를 따라올 사람이 없었기에 웬만한 일은 모두 그에게 맡겨졌다.

그는 처음에는 인정도 받고 보람도 느껴 즐겁게 주어진 역할에 충실했지만, 직급이 더 이상 오르지 않고 그룹의 일보다 파트너들의 일을 도와달라는 원성이 높아지면서 심각한 고민에 빠졌다. 그룹에서는 이미 그에 대한 기대로 각종 미팅, 세미나, 행사 스케줄을 잡아 놓은 상태라 이러지도 저러지도 못하는 입장에 놓인 것이다.

"이제는 다람쥐 쳇바퀴 돌듯 매일, 매번 반복되는 미팅, 세미나, 행사가 즐거운 일이 아니라 노동처럼 느껴집니다. 스폰서는 아직도 모든 것을 저에게 맡기는데 스폰서가 정말로 제 성공을 위해 역할을 주는 것인지, 아니면 저를 이용만 하려는 것인지 헷갈립니다."

"장 사장님, 네트워크마케팅에서 가장 힘들 때가 언제인지 아십니까? 바로 노력한 만큼 대가가 주어지지 않을 때입니다. 그런 현상이 몇 번 반복되면 네트워커들은 열정이 사라지고, 더 이상 노력하지 않으려고 하죠. 하지만 다른 한편으로는 바로 그때가 가장 크게 성장할 수 있는 시기입니다. 그 후에 돌아오는 대가는 실로 엄청납니다."

샌드위치 리더의 아픔을 이해하라

　네트워크마케팅은 상위 스폰서의 성공 시스템을 복제함으로써 생각보다 쉽게 성공할 수 있는 특성을 지니고 있다. 이러한 복제는 교육을 통해 이루어지는데 교육 방법은 개인적으로 하는 것에서부터 수백, 수천 명 단위로 하는 것까지 매우 다양하다. 따라서 교육 시스템을 잘 구축하는 것이 최고리더의 역할이며 그것이 백만장자가 되는 지름길이다.
　여기에서 가장 많은 역할을 하는 사람이 중간리더이다. 중간리더란 회사마다 약간 차이는 있지만 보통 2년에서 5년 정도 네트워크마케팅을 해온 경험이 풍부한 네트워커를 말한다. 아직 최고 직급자에 오르지는 않았지만 1~2단계만 더 오르면 최고 직급자가 되는 예비 최고리더라고 할 수 있다.
　이들 역시 초보 시절에는 제품 효과 전달, 사업설명, 사업설명회 초대에 집중하는 한편 각종 미팅과 세미나에 참여하면서 정신없이 필드에서 뛰어온 역전의 용사들이다. 그들의 왼쪽 가슴

엔 영광의 배지가 달려 있다.

그러나 지금은 할 일이 너무 많아 스트레스를 가장 많이 받는 입장이다. 초보 네트워커 때는 상위 스폰서가 시키는 대로 하면 되었고 주어진 역할만 잘하면 승급하는 것에 별 문제가 없었는데, 중간리더가 되면서 그룹의 온갖 일을 도맡아야 하고 초보 네트워커의 성장을 위해 항상 필드에서 함께 움직여야 하기 때문이다. 마치 실전 코치와도 같은 역할이다.

더욱이 수년간 함께 산전수전 겪어온 스폰서는 볼 때마다 "이번 달에 신경 좀 써 봐요. 예전에 어려운 시절을 함께 지냈던 것처럼 이젠 함께 해외여행도 다니고 골프도 치고 해야 하는데, 나만 좋은 데 다니니까 마음이 아프잖아요" 하며 염장을 지른다. 그럴 때마다 속으로는 '누군들 그 자리에 올라가고 싶지 않아서 이러고 있는 줄 아세요? 할 일은 많고 진도는 안 나가고… 나도 환장하겠네요' 하며 설움이 복받치지만 겉으로는 말도 못하며 가슴만 칠 수밖에 없는 입장이다.

위에서는 빨리 올라오라고 다그치고 밑에서는 여기저기서 도와달라고 아우성치는, 한마디로 '샌드위치 리더'라 할 수 있다. 하지만 최고리더나 스폰서들도 이미 거쳐 간 피할 수 없는 필수 과정인 것을 어쩌랴.

샌드위치 리더의 위치는 청소년이 사춘기를 겪는 시기와 똑같다. 자칫 잘못하면 엉뚱한 길로 빠져 평생을 후회하며 살 수도 있고, 반대로 지혜롭게 잘 통과해 올바르게 성장할 수도 있다. 그러니 일부러 피하려 하는 것보다 담담하게 받아들이고 어떻게 하면 지혜롭게 잘 견뎌낼 수 있는지를 고민하는 것이 좋다.

저축한 리더십은 반드시 돌아온다

　당신이 샌드위치 리더라면 우선 모든 상황을 받아들이겠다는 긍정적인 마음자세를 지녀라. 예를 들어 당신이 어떤 일에 시간과 노력을 100만큼 쏟아 부었는데 돌아온 결과가 1이나 많으면 10정도밖에 되지 않을 수도 있다. 그렇다면 나머지 90에서 99는 대체 어디로 간 것일까?

　그것은 당신도 모르는 사이에 저축되고 있다. 당신 안에 있는 리더십이란 은행에 꼬박꼬박 저축되고 있는 것이다. 하지만 언제든지 그것을 찾아 쓸 수 있는 것은 아니다. 그것은 당신이 최고리더가 된 후에 마음대로 쓸 수 있다는 특징이 있다.

　샌드위치 리더가 가장 많이 하는 것이 교육인데, 그것도 그룹을 위한 교육이 대부분이라 정작 자신의 비즈니스에는 직접적인 도움이 안 된다고 생각할 수도 있다. 타 라인 네트워커들이 "사장님의 강의 때문에 제 인생이 바뀌었습니다", "사장님 교육으로 저희 팀이 모두 한 직급씩 승급했습니다", "사장님의 체계적인 강의로 저희 그룹이 2배는 성장 했습니다" 하며 고마워해도 정작 자신에게는 이득이 없어 잠시 보람은 느낄지 몰라도 마음은 씁쓸할 것이다.

　조금만 앞을 내다보고 생각하라. 그러면 당신이 지금 엄청난 일을 만들고 있음을 깨닫게 될 것이다. 당신은 현재 여러 사람에게 도움을 주고 인정받으면서 내공을 쌓고 있는 중이다. 지금은 쓸데없는 일에 열정을 낭비하는 것 같아 보이지만 그것은 최고리더가 된 후에 반드시 몇 배 아니 몇 백 배의 효과로 돌아온다.

당신처럼 그런 고생을 하지 않고 최고리더가 된 사람들을 보라. 그들의 강의에 네트워커들이 감동을 받고 있는지, 그들의 모습이 당당해 보이는지 살펴보라. 반대로 당신처럼 고생 끝에 최고리더가 된 사람들을 보라. 그들이 강의한다는 소문만 퍼져도 인산인해를 이룬다. 그들의 목소리, 몸짓 하나에 모든 네트워커가 울고 웃지 않는가?

샌드위치 리더의 위치에 있을 때 모진 어려움과 실패, 좌절, 포기할 뻔한 상황을 겪고 최고리더가 된 사람들의 한마디에는 엄청난 열정과 힘이 담겨 있다. 그 한마디가 조직 전체에 영향을 미쳐 매출뿐 아니라 조직의 성장에 큰 역할을 하게 된다. 그것은 결국 로열티로 돌아오는데 그 액수는 샌드위치 리더 때보다 수십, 수백 배에 달한다.

"성공자의 과거는 비참할수록 아름답다"고 하지 않던가? 아무런 어려움도 겪지 않은 리더의 말보다 눈물 젖은 빵을 먹으며 성공한 리더의 한마디가 조직을 감동시키고 변화시키는 법이다.

결과를 예측할 수 없고 소득이나 핀 승급에 전혀 도움이 될 것 같지 않아 보이는 일은 지금도 차곡차곡 당신의 리더십 은행에 쌓이고 있다.

오케스트라의 지휘자가 되어라

"언젠가부터 리더들이 말을 듣지 않아요. 예전에는 이유를 불문하고 무조건 잘 들었는데. 이제는 그룹 운영회의에서 제가 좋은 아이디어를 내도 긍정적인 반응보다 부정적인 반응을 더 많이 보입니다. 마치 가족회의에서 가장이 따돌림을 당하는 기분이에요. 이렇게까지 하면서 사업을 계속해야 하는 것인지…"

초등학교에서 20년 간 교사로 근무하다 학부모의 소개로 네트워크마케팅을 시작해 5년간 활동한 끝에 리더가 된 유 사장은 완벽주의를 고집해 '칼'이란 별명을 갖고 있다. 덕분에 스폰서나 파트너들은 특별한 이유가 있지 않는 한 유 사장의 결정에 동의하고 맡겨진 역할을 충실히 이행하면서 5년간 승승장구해 왔다. 그런데 파트너 중 최고리더 직급이 하나둘 늘어나면서 분위기가 예전 같지 않게 된 것이다.

찬찬히 그녀의 이야기를 들어보니 문제는 파트너들에게 있는 것이 아니라 유 사장에게 있다는 것을 알게 되었다.

"조직은 성장하게 되어 있습니다. 어린 시절에는 부모의 손길이 거의 모든 것을 좌우하지만, 청소년이 되면 그것이 오히려 간섭이 될 수 있습니다. 네트워크마케팅도 마찬가지입니다. 지금 유 사장의 파트너들은 어린이가 아니라 성장한 청소년입니다."

내가 모든 것을 해야 한다는 생각에서 벗어나라

　네트워크마케팅에서 아무리 잘 나가는 리더도 어느 순간 긴장을 하게 되는 경우가 있다. 언제나 순응 혹은 복종하던 조직의 하위 리더들이 어느 날 훌쩍 커버려 갑자기 도전적인 언행을 보일 때다. 알고 보면 도전이라고 할 수 없지만 리더의 입장에서는 당황스러운 일이 아닐 수 없다.

　이때 지혜롭게 대처하지 않으면 오히려 리더의 위상이 흔들릴 수 있다. 심지어 '그릇이 작다'거나 '너무 욕심을 부린다'는 식으로 리더십에 대해 좋지 않은 평가를 받을 수도 있다. 따라서 이 시점을 빨리 파악하고 그들의 위치에 적당히 힘을 실어주어야 한다. 사람은 '감투'를 씌워주면 거기에 맞는 생각과 행동을 하게 된다. "직급이 사람을 만든다"는 말도 그런 원리에서 나온 것이다.

　대부분의 네트워커가 성공을 위해 매일 보고 듣고 느끼는 것을 반복해서 행동하게 되는데 그 모델은 바로 현재 성공한 최고리더이다. 그러다보니 자연스럽게 리더의 말투, 행동, 습관 등을 자신도 모르는 사이에 배우게 된다.

　그러다가 그들이 최고리더가 되면 당연히 과거에 업라인들이 보여주었던 언행과 습관이 나오게 된다. 이때가 가장 민감한 시기가 될 수 있다. 그들은 '나도 어엿한 최고리더가 되었으니 이렇게 저렇게 해야지' 하고 기대를 하고 있는데, 스폰서는 아직도 파트너를 어리게 취급하고 '이렇게 해라, 저렇게 해라' 할 경우 갈등이 시작되는 것이다.

이때 스폰서는 우선 '내가 모든 것을 해야 한다'는 생각에서 빨리 벗어나야 한다. 그들이 처음으로 최고리더가 되었기 때문에 아직 모르는 게 많을 것 같지만, 이미 그들은 최고리더가 하는 일을 보고 듣고 해왔던 터라 금방 복제한다.

네트워크마케팅을 시작하는 초보 네트워커는 누구나 스폰서의 지시를 잘 따른다. 더불어 스폰서의 말이라면 절대적인 신뢰와 존경을 표하기도 한다. 그러나 그들이 성장해 리더가 되면 그동안 잠재되었던 혹은 써먹지 않았던 경험과 지식이 고스란히 표출되면서 스폰서와 선의의 경쟁을 하게 된다. 심지어 스폰서보다 더 활발하게 실력을 발휘하기도 한다. 이때 스폰서에게 필요한 마음자세는 칭찬과 배려이다.

그들이 잘하는 것을 칭찬하고 잘하려다 실수를 하면 "그것 봐라, 내가 하라는 대로 했다면 그렇지 않았을 텐데…" 하고 잘잘못을 따질게 아니라 "처음엔 다 그래요. 저도 그랬는데요, 뭘. 그러면서 배우는 거죠. 걱정하지 마세요. 다음엔 더 잘할 겁니다" 하고 배려를 한다면 당신에 대한 존경심은 더욱 깊어질 것이다.

오케스트라의 지휘자가 돼라

누구나 남에게 인정받는 것을 좋아한다. 어떤 사람은 그것 때문에 목숨을 걸기까지 한다. 그만큼 남에게 인정받는다는 것은 행복한 일일뿐 아니라, 인생의 가장 큰 가치라고 할 수 있다. 반대로 잘하려고 하는데 인정을 받지 못하면 그것은 고통스러운 일이고 나아가 미움과 원한을 품을 수 있다.

네트워크마케팅은 다양한 사람들이 모인 조직이다. 그것이 네트워크마케팅의 힘이고 비전이다. 이런 힘을 적시적소에 잘 활용해야 한다. 그래야 모두가 성공할 수 있다. 가장 좋은 방법은 '인정' 하는 것이다.

리쿠르팅을 잘하는 사람, 홈미팅을 잘하는 사람, 교육을 잘하는 사람, 분위기를 잘 띄우는 사람, 제품설명을 잘하는 사람, 행사 진행을 잘하는 사람, 행사와 관계된 호텔이나 연수원과 거래를 잘하는 사람, 행사 준비를 잘하는 사람 등 다양한 분야에서 역할을 잘하는 사람이 있게 마련이다.

그들은 마치 오케스트라의 단원처럼 연주하는 것은 다르지만 각자 자기가 연주하는 것에서 최고의 실력과 노하우를 갖고 있다. 이런 다양한 실력을 갖추고 있는 파트너들이 있다는 것은 얼마나 행복한 일인가?

그런데 어떤 리더는 자신이 슈퍼맨, 슈퍼우먼이 되어야 스폰서로서 인정받을 수 있다는 잘못된 편견을 가지고 있다. 그러다 보니 시시콜콜 모든 일에 간섭하게 되고 심지어 그것 때문에 자신이 스트레스를 받기도 한다.

인정하라! 조금은 안타깝고 부족하긴 해도 좀더 기다리면 당신보다 멋진 리더가 될 수 있을 것이다. 그리고 평가하려 하지 마라! 자꾸 평가하려 하면 그들이 주눅 들어 더 이상 자신의 잠재력과 실력을 발휘하지 못할 것이다.

오케스트라의 지휘자처럼 그들이 자신의 능력을 최대한 발휘할 수 있도록 혼을 다해 도와주어라. 당신보다 실력이 높아지고 당신보다 더욱 존경받는 리더가 탄생한다면 그 공은 고스란히 당신에게 돌아온다. 그들 또한 당신을 무시하기보다 겸손하고 당당한 당신에게 더욱 깊은 존경심을 느끼게 될 것이다.

네트워크마케팅은 사람들이 모여 어우러지는 비즈니스이므로 무엇보다 '인간관계'가 중요하다. 따라서 그 어떤 사업보다 특별히 인간관계에 신경을 써야 한다. 파트너가 리더가 되었음을 인정하라. 그것이 진정한 리더의 마인드이다. 그리고 격려와 칭찬을 아끼지 말라.

당신의 네트워크마케팅 비즈니스가 더욱 성장하려면 당신 조직에서 좋은 리더가 많이 탄생하고 그들이 마음껏 능력을 발휘해 더 큰 리더가 되어야 한다. 스폰서의 격려와 칭찬이 따르면 리더는 더욱 큰 그릇으로 성장할 수 있다.

당신이 진정으로 멋진 백만장자가 되기를 바란다면 격려와 칭찬을 아끼지 않는 오케스트라의 훌륭한 지휘자가 돼라!

변화할 때까지 반복하라

건설현장에서 20년 가까이 생활했던 장 사장은 사고로 허리를 다친 후, 장사를 하다가 친척의 권유로 네트워크마케팅을 시작해 5년 만에 인정받는 리더가 되었다. 그룹이 커지면서 지방에도 일주일에 2, 3번은 강의를 하러 가게 되었는데 이상하게도 시간이 지날수록 강의에 대한 열정과 자신감이 점점 줄어들었다. 그것은 파트너들의 태도가 처음과 많이 달라졌기 때문이다.

알아보니 경험담 중심의 장 사장 강의에 파트너들이 식상해하고 일부 리더는 최고리더에게 세련되고 이론적인 강의도 듣고 싶다고 말했다. 그렇지 않아도 그룹에 지식층이 많아지면서 적잖은 열등감과 부담감을 안고 있던 장 사장은 여기저기 수소문해서 유명한 교육기관의 각종 교육과정에 참여했다. 하지만 장 사장은 정규 과정 한번 제대로 마치지 못하고 중간에 그만두고 말았다.

"좋다는 교육은 다 다녀봤는데 별로 변화된 것이 없어요. 처음에는 새롭게 시작한다는 생각과 색다른 교육이라는 기대감에 누구보다 열심히 해요. 그런데 3~4주 정도 되면 흥미도 없어지고 더 이상 발전이 없는 것 같아 그만두기 일쑤에요. 대체 어떤 문제가 있는 거죠?"

장 사장의 머릿속에는 학창시절 선생님들의 일방적인 강의가 아직도 교육의 표준이라는 생각이 남아 있었던 것이다. 교육기관에서 조교나 컨설턴트가 뭔가를 시키면 "쑥스럽게 자꾸 시키지 말고 교육이나 해주세요" 하며 슬쩍 빠지고, 다음에도 분위기가 그럴 것 같으면 아예 결석을 했던 것이다.

"장 사장님, 교육을 교육이라 생각하지 마세요. 더 큰 성공을 하기 위해 몸값을 올리는 이미지메이킹 과정이라 생각하세요. 사회에서 전문가가 되기 위해 각종 지식과 기술을 익히는 것처럼, 장 사장님은 전문 네트워커가 되기 위해 교육에 참여하는 것이 아니라 전문기술을 익히는 것입니다. 기술에 익숙해질 때까지 포기하지 않고 반복하면 나중에는 자연스러워질 겁니다."

낙숫물이 바위를 뚫는다

교육을 통해 변한다는 것은 쉽지 않은 일이다. 가장 중요한 것은 실천이다. 이 원리를 모르는 사람은 없을 테지만, 그럼에도 실천을 하지 않고 교육만 탓하는 사람이 많이 있다. 네트워크마케팅 업계에서도 '안다 병'과 '헤드 병'이 심각한 것은, '많이 안다'라고 자부하는 사람과 그러므로 자신이 '헤드가 되어야 한다'는 사람이 많기 때문이다.

말없이 실천하며 한발 한발 목표에 다가서는 네트워커는 조용한데, 발전적인 행동은 한 가지도 실천하지 못하면서 업계 정보만 가지고 이러쿵저러쿵 떠들어 대며 자신이 난세의 영웅인 양

허세를 부리는 사람이 있는 것이다.

변화의 필요성을 느낀다면 가치 있는 뚜렷한 목표를 세워라. 지금보다 더 가치 있고, 더 높은 목표를 설정하라. 단지 변화해야 한다는 생각만 가지고는 변화할 수 없다. 왜 변화해야 하는지, 무엇 때문에 변화해야 하는지 뚜렷한 목표를 설정해야 한다.

성공모델을 설정하라. 성공모델은 목표를 이루기 위한 지름길이다. 쉽지 않겠지만 성공자와 친해져라. ≪부자가 되려면 부자에게 점심을 사라≫와 같은 베스트셀러가 있듯 성공한 사람은 성공의 노하우뿐 아니라 성공 습관, 성공적인 라이프스타일을 갖고 있기 때문에 친분을 만들어 본받을 수 있는 기회를 만들어야 한다.

이왕이면 사진을 함께 찍거나 성공자의 노하우가 담긴 도서, 음반, DVD 등을 구입해서 사인을 받아라. 나아가 이메일 주소를 알아내 개인적인 상담이나 좋은 생각을 주고받는 것도 좋다. 가능하면 성공모델과 거리를 최대한 좁혀 라이프스타일을 자연스럽게 배울 수 있도록 한다.

마치 자신이 성공한 것처럼 이미지메이킹을 하라. 잠재의식은 의식세계와 달리 현실과 꿈을 구별하지 못한다. 또한 옳고 그른 것을 판단하지 못한다. 예를 들어 '나는 성공자다!' 라는 말을 수십, 수백 번 반복해서 의식적으로 외치면 잠재의식은 당신을 성공자라고 인정한다.

무엇이든 자연스러워질 때까지 반복하라. 이사 간 것을 잠시 잊고 다음날 예전에 살던 집에 가서 초인종을 누르고는 새로운 주인에게 "누구세요?"라고 한 적이 있는가? 이처럼 이미 익숙해진 습관 때문에 자신도 모르게 행동을 하는 것이 인간이다.

새로운 동네, 낯선 길, 새로운 얼굴과 익숙해지기 위해서는 자주 오가고 만나는 수밖에 없다. 마찬가지로 새로운 변화에 익숙해지는 가장 좋은 방법은 자연스러워질 때까지 수없이 반복하는 것이다. 어린아이가 걷기위해 수없이 넘어지고, 스포츠 선수가 완벽해질 때까지 같은 동작을 헤아릴 수 없을 만큼 반복하는 것처럼 말이다.

어린아이가 넘어지는 것이 두려워 걷는 것을 멈춘다면 더 이상 발전은 없다. 운동선수가 프로가 되기 위해 연습하던 행동을 힘들다고 멈춘다면 더 이상 미래는 없다. 배가 안전하게 항구에 정박해 있기만 한다면 그것은 더 이상 배가 아니다. 배는 바다를 향해 항해해야 하고 폭풍우와 뜨거운 태양을 헤쳐 나가야만 원하는 것을 얻을 수 있다.

사람들은 이런 상식과 원칙을 알고 있으면서도 자신에게는 관대하다. 주위와 환경을 탓하면서 자신이 원하는 것을 얻을 수 없고 이룰 수 없음을 합리화한다. 그러면서 그것을 이룬 사람은 행운이 있다거나 인맥 혹은 특별한 기회가 있었을 거라며 시기하고 비난한다.

네트워크마케팅이 아무리 위대한 기회일지라도 정작 참여한 네트워커가 행동하지 않으면 아무것도 얻을 수 없다. 당신이 진정 성공을 꿈꾼다면 낙숫물이 되어 바위를 뚫는 행동하는 리더가 되어라.

우종철 원장의 네트워크마케팅 시스템 교육

과정	내용	참가인원		수강료	기간
NSC (성공스쿨)	시대의 흐름과 유통의 변화 네트워크 성공시스템 목표설정과 행동계획 효과적인 프로스펙팅 1 효과적인 프로스펙팅 2 강력한 리쿠르팅 A, B, C	정규 코스	30~50명	20만원/1인	6주
		참가 대상	네트워크 초보자(DISTRIBUTOR) 부업자, 전업자, 직급자, 최고 리더		
NLC (리더십과정)	정보의 흐름과 리더의 역할 유형별 효과적인 스폰서링 홈/샵 비즈니스 방법 팀 미팅과 센터의 활용 컨벤션 비즈니스의 활용 리더십 특강	정규 코스	30~50명	30만원/1인	8주
		참가 대상	성공스쿨(NSC) 과정 수료자 직급자, 지역 리더, 강사, 최고 리더		
NTT (강사트레이닝)	강사의 역할과 자세 정보습득, 정보정리, 정보전달 목소리, 미소, 자세 트레이닝 복식호흡, 발성법 트레이닝 인생전환점 스피치 트레이닝 사업설명회(STP) 트레이닝	정규 코스	15~30명	100만원/1인	10주
		참가 대상	리더십(NLC) 과정 수료자 직급자, 지역 리더, 강사, 최고 리더		
NTC (최고리더과정)	최고리더의 역할과 자세 성공한 백만장자의 유형 동기부여와 비전제시 방법 VIP초대와 호스트의 역할 유능한 코치 만들기 체계적인 트레이닝 구축하기	정규 코스	12~15명	200만원/1인	12주
		참가 대상	강사트레이닝(NTT) 과정 수료자 직급자, 지역 리더, 강사, 최고 리더		
NVS (비전세미나)	특강 〈당신도 위대한 네트워커가 될 수 있다.〉 네트워크마케팅의 비전 네트워크마케팅 성공전략	정규 코스	50~100명	3만원/1인	2시간
		참가 대상	예상 고객, 초보자, 부업자 사업자, 리더, 최고 리더		

- 교육이 시작되기 7일 전까지 참가신청서와 수강료가 입금이 되어야 합니다.
- 신청시 증명사진 1매(신청서용)를 준비해 주시기 바랍니다.
- 수강료 입금하실 분은 [우리은행 067-171091-02-501 예금주: 우종철]
- 교육상담: 우종철 원장 010-3353-5816 e-mail: kssa21@naver.com

당신도 위대한 네트워커가 될 수 있다

1판 1쇄 찍음 2008년 3월 31일
4판 1쇄 펴냄 2023년 8월 15일

지 은 이 우종철
펴 낸 이 배동선
　　　　　마케팅부/최진균
펴 낸 곳 아름다운사회

출판등록 2008년 1월 15일
등록번호 제2008-1738호

주　　소 서울시 강동구 양재대로 89길 54 202호(성내동) (우: 05403)
대표전화 (02)479-0023
팩　　스 (02)479-0537
E-mail assabooks@naver.com

ISBN : 978-89-5793-148-6 03320

값 8,000원

잘못된 책은 교환해 드립니다.